O LÍDER TRANSFORMADOR
Como transformar pessoas em líderes

Dados Internacionais de Catalogação na Publicação (CIP)
(Câmara Brasileira do Livro, SP, Brasil)

C3921	Celestino, Silvio.
	  O líder transformador : como transformar pessoas em líderes / Silvio Celestino. - São Paulo, SP : Cengage Learning, 2016.
	  224 p. ; 23 cm.
	
	  Inclui bibliografia.
	  ISBN 978-85-221-2572-2
	
	  1. Liderança. I. Título.

CDU 658.012.4	CDD 658.4092

Índice para catálogo sistemático:
1. Liderança   658.012.4
(Bibliotecária responsável: Sabrina Leal Araujo - CRB 10/1507)

O LÍDER TRANSFORMADOR
Como transformar pessoas em líderes

Silvio Celestino

Austrália Brasil Japão Coreia México Cingapura Espanha Reino Unido Estados Unidos

O líder transformador – como transformar pessoas em líderes

Silvio Celestino

Gerente editorial: Noelma Brocanelli

Editora de desenvolvimento: Regina Helena Madureira Plascak

Supervisora de produção gráfica: Fabiana Alencar Albuquerque

Editora de aquisições: Guacira Simonelli

Especialista em direitos autorais: Jenis Oh

Copidesque: Beatriz Simões Araújo

Revisão: Vero Verbo Serviços Editoriais, Norma Gusukuma e Tatiana Tanaka

Pesquisa iconográfica: Tempo Composto

Diagramação: Alfredo Carracedo Castillo

Arte da capa: Elocc Creative Agency

Imagem da capa: Toni Art/Shutterstock

© 2017 Cengage Learning Edições Ltda.

Todos os direitos reservados. Nenhuma parte deste livro poderá ser reproduzida, sejam quais forem os meios empregados, sem a permissão, por escrito, da Editora. Aos infratores aplicam-se as sanções previstas nos artigos 102, 104, 106 e 107 da Lei nº 9.610, de 19 de fevereiro de 1998.

Esta Editora empenhou-se em contatar os responsáveis pelos direitos autorais de todas as imagens e de outros materiais utilizados neste livro. Se porventura for constatada a omissão involuntária na identificação de algum deles, dispomo-nos a efetuar, futuramente, os possíveis acertos.

A Editora não se responsabiliza pelo funcionamento dos links contidos neste livro que possam estar suspensos.

Para informações sobre nossos produtos, entre em contato pelo telefone **0800 11 19 39**.

Para permissão de uso de material desta obra, envie pedido para **direitosautorais@cengage.com**

© 2017 Cengage Learning. Todos os direitos reservados.

ISBN 13: 978-85-221-2572-2
ISBN 10: 85-221-2572-4

Cengage Learning
Condomínio E-Business Park
Rua Werner Siemens, 111
Prédio 11 – Torre A – Conjunto 12
Lapa de Baixo – CEP 05069-900
São Paulo-SP
Tel.: (11) 3665-9900
Fax: (11) 3665-9901
SAC: 0800 11 19 39

Para suas soluções de curso e aprendizado, visite **www.cengage.com.br**

Impresso no Brasil.
Printed in Brazil.
1 2 3   18 17 16

Este livro é dedicado ao amor de minha vida,
Ana Maria Mazzei Nubié

PREFÁCIO

Ao ler este novo livro de Silvio Celestino, chamaram-me a atenção quatro aspectos que fazem a obra se destacar entre as que existem no mercado sobre gestão de negócios e liderança.

O primeiro aspecto é a *linguagem didática*, própria de um *coach* experiente que está acostumado e muito bem treinado na técnica de fazer que as pessoas aprendam por meio de reflexões e exemplos, o que torna o aprendizado mais consistente. O livro é repleto de perguntas, provocações e modelos que estimulam o leitor a praticar um estilo de liderança mais saudável e eficaz.

O segundo aspecto que surpreende é a *abrangência* do público-alvo. Silvio, com sua larga experiência como *coach* de altos executivos e de gerentes recém-promovidos, expõe com maestria exemplos de situações de aprendizado que são interessantes tanto para quem está no topo da liderança como para aquele que está iniciando a carreira de líder. Todos têm o que aprender com o enfoque dado por Silvio.

O terceiro aspecto que ressalto é a *profundidade* da proposta feita pelo autor. Ele avança além do conceito de mudança. Para um líder, nos ensina Silvio, mudar é pouco. Uma liderança, mais do que mudar, tem de transformar, pois a transformação não tem volta. A liderança concreta, eficaz, é a que transforma e gera resultados sólidos, consistentes e duradouros. Só assim ele estará liderando positivamente e colocando a companhia no patamar da eficácia competitiva.

Por último e o mais importante, é o grande alerta que Silvio nos faz, a necessidade fundamental da criação de um *propósito*, seja para quem já é um alto executivo ou para uma liderança de primeira viagem.

Concordo com o autor em gênero, número e grau, pois tenho constatado que, quando o gestor não estabelece um propósito, ele não dá um "norte" para sua equipe, criando um ambiente em que as pessoas trabalham apreensivas, inseguras, relutantes e pouco comprometidas.

Ambientes assim, em que as pessoas trabalham desmotivadas, proliferam-se nos mais variados setores das empresas, e isso tem uma razão de ser.

Um colaborador que se destaca na execução de suas tarefas e faz contribuições valiosas para a melhoria dos processos normalmente é premiado com uma promoção para gestor cuja responsabilidade principal é liderar pessoas. Faltam-lhe, entretanto, habilidades para essa tarefa. Muitos executivos estão em cargos elevados nas organizações sem nunca terem desenvolvido as habilidades necessárias para o exercício da liderança.

Ora, toda empresa busca se diferenciar dos concorrentes prestando um excelente atendimento aos seus clientes; para que isso aconteça, precisará contar com pessoas treinadas e comprometidas com os propósitos da organização. E é aí que entra em cena o papel-chave da liderança, que é ter a capacidade e a habilidade para inspirar e mobilizar seus liderados a darem o melhor de si para solucionar os problemas e encantar os clientes.

Este é o grande desafio de uma liderança: transformar o ambiente de trabalho para que seus colaboradores trabalhem motivados e orgulhosos do que fazem. Silvio Celestino, neste livro repleto de experiências bem-sucedidas e com seus questionamentos provocativos, traz uma contribuição valiosa que ajudará os executivos a serem líderes transformadores, com propósitos bem definidos e capazes de gerar resultados duradouros.

Bom proveito!

Alexandre Rangel

AGRADECIMENTOS

Fazer um livro é um trabalho em equipe. Sou grato a cada pessoa que direta ou indiretamente contribuiu de maneira decisiva para que ele fosse escrito e publicado.

Agradeço ao meu *coach*, Gilberto Cabeggi, que, com sabedoria, serenidade, maestria e profunda capacidade de transmitir conhecimento e experiência, guiou-me na construção desta obra.

Algumas pessoas forneceram seu precioso tempo para ler este livro e criticá-lo para que pudesse ser refinado. Meus sinceros agradecimentos a Luciana Esteves, Marcia Esteves, Carlos Borges, Sandra Luz, Monica Szanto, Susanne Andrade, Claudinei Oliveira, Rodrigo Yuji Sato, Ronan Mairesse, Arnaldo de Sousa, Cristiani Viviani, Helio Arakaki, Pedro Carvalho e Evaristo Mascarenhas de Paula.

Agradeço também a meu sócio Alexandre Rangel, autor do *best-seller O que podemos aprender com os gansos*, da editora Original, de quem peguei emprestada a frase "ao promover alguém, você pode perder um técnico nota 10 e ganhar um líder nota 1".

Tive o privilégio de conhecer alguns dos autores que menciono no livro e que foram fundamentais para a construção das ideias aqui expostas. Provavelmente são as pessoas mais generosas que já conheci, por compartilhar seus conhecimentos: Shaun Smith da Shaun Smith Co., consultor especialista em marketing da experiência do consumidor, faz uma conexão primorosa entre liderança e resultados duradouros; Rhandy Di Stéfano, do Integrated Coaching Institute, *coach* especialista em liderança e na formação de *coaches*; Peter Belohlavek, pesquisador em ciência da complexidade e fundador do The Unicist Research Institute; Carolyn Taylor, consultora internacional e especialista em gestão de cultura organizacional e fundadora da Walking The Talk, e Marshall Goldsmith, um dos maiores *coaches* executivos da atualidade.

Também tive o privilégio de participar de cursos, processos de *coaching* e *workshops* com pessoas e instituições que trouxeram grande clareza para as ideias aqui expostas: Landmark Education, Integrated Coaching Institute, Shaun Smith Co., The Unicist Research Institute, Walking The Talk, Roberto Shinyashiki e Hyper Island.

E não poderia deixar de agradecer à minha esposa, Ana Maria Mazzei Nubié, por abrir mão de seu tempo comigo para que eu pudesse concluir esta obra. Nada é mais precioso do que o tempo com quem amamos; por isso, este livro só poderia ser dedicado a ela.

Por último, quero agradecer a todos os meus clientes, que me permitiram ser seu *coach* ao longo desses anos. Este livro deriva exatamente dessa vivência na formação de líderes. Suas experiências, seus esforços e sua persistência ensinaram mais que mil textos sobre o que é se transformar em líder.

Por isso, tomo emprestadas as palavras de Joseph Campbell, de seu livro *O poder do mito*, da editora Palas Athena, p. 131:

> Não tenha medo da aventura.
> O Caminho é totalmente conhecido.
> Os heróis de todos os tempos nos precederam.
> E lá, onde imaginava ir ao longe, irá ao centro de sua própria existência.
> Onde pensava encontrar algo totalmente desconhecido, encontrará a si mesmo.
> Onde esperava estar só, estará com toda a raça humana.
> E onde imaginava encontrar algum tipo de monstruosidade, encontrará a Deus.

Vamos em frente!

O QUE AS PESSOAS DIZEM SOBRE O TRABALHO DE SILVIO E O LIVRO

Silvio Celestino consegue instigar as lideranças, proporcionando o processo de reflexão e ação consciente. Ele traz direcionadores muito estruturados de que, por meio da inspiração, da transformação e dos objetivos claros, é possível ter uma equipe de alta performance e atingir resultados consistentes para o negócio.

Valter Pitol, diretor-presidente da Copacol

Tomar decisões é uma das tarefas mais difíceis para nós, empreendedoras e executivas. Toda decisão traz consigo consequências e resultados diferentes e, por vezes, algo impossível de ser desfeito. Por isso, escolher o que queremos ser quando crescer ou ditar os rumos de qualquer atividade torna-se um ato de extrema responsabilidade e insegurança. O que fazer? Qual caminho tomar? É nesse cenário que o Silvio Celestino faz a diferença. Coach experiente, de sensibilidade e inteligência ímpar, Silvio vem ajudando líderes executivos e empreendedores a encontrar suas respostas. Um aprendizado que não só transforma o indivíduo, como o prepara para lidar com as mais diversas situações da vida pessoal e profissional. Eu chamo de amadurecimento responsável, que, com certeza, não é simples de ser alcançado. Com este livro, Silvio Celestino nos presenteia com mais uma ferramenta para essa transformação.

Marisa Silva, empresária, fundadora, apresentadora e editora executiva do *Olhar Digital*

Silvio Celestino é conselheiro da Associação Brasileira de Recursos Humanos (ABRH-SP) e coordenador do Grupo de Estudos de Gestão de Cultura Organizacional. Sua experiência multifacetada, que congrega humanas e exatas, com larga experiência prática, o destaca como profissional competente e dedicado. Seu trabalho para a disseminação de conhecimento tem transformado a vida dos que o procuram. Este livro fará o mesmo a você!

Almiro dos Reis Neto, presidente da Franquality e presidente da ABRH-SP na gestão 2012-2015

Tive o prazer de ter Silvio Celestino como coach. Consistente, comprometido e inteligente, Silvio teve um olhar abrangente sobre meus desafios profissionais e provocou em mim grandes transformações. Ter alguns de seus ensinamentos reunidos em um livro é uma chance única de adquirir insights e direcionamentos preciosos quanto à trajetória profissional, seja qual for seu mercado.

Alessandra Lanzellotti, vice-presidente de atendimento da Sunset Comunicação

Quando duas horas de conversa parecem 30 minutos significa que o papo foi bom. E quando continuamos pensando sobre o assunto ao longo da semana, significa que foi ótimo. Essa é exatamente a minha opinião sobre o trabalho do Silvio. Além de muito prazerosa, nossa caminhada é sempre envolta de cumplicidade e riqueza de conteúdo muito além da vida corporativa!

Paulo Loeb, sócio e diretor de negócios da F.biz Comunicação

Silvio teve papel essencial em meu desenvolvimento, pois quando aceitei o desafio de mudar para um mercado que conhecia pouco e, como CEO, gerenciar gestores experientes e resistentes, as reflexões propostas por ele me fizeram mudar a maneira de enxergar o papel do líder. Nossas conversas sobre o propósito norteiam boa parte de minhas decisões profissionais desde então. Espero que você leia este livro com toda a atenção, ele fará diferença em sua liderança!

Felipe Calbucci, gerente nacional de contas da Indeed.com

Silvio, para mim, foi mais que um coach, foi um conselheiro e amigo com quem pude contar em um momento muito difícil de minha trajetória profissional. Dotado de vasta experiência e metodologia diferenciada, tem a preocupação sincera de ajudar seu cliente e, de forma discreta e com muita habilidade, me fez refletir sobre a situação em que me encontrava e buscar alternativas para atingir meus objetivos, priorizando, acima de tudo, minha satisfação pessoal e meu bem-estar. Um profissional qualificado, sensível e diferenciado que atua de forma ímpar e que se destaca no que se propõe a fazer.

Rosangela Martins de Souza, diretora
de controladoria e finanças da Qualicorp

Seria preciso um livro inteiro para falar sobre Silvio. Mais que meu coach, tem sido meu mestre. Ele me ensinou propósito, integridade, sentido e liderança. Há, sem dúvida alguma, uma vida a.S. e d.S. (antes e depois de Silvio). Esta última muito mais saudável, lúcida e completa. Espero que este livro faça o mesmo por você. Obrigada pela caminhada – tem sido muito divertida. E vamos em frente!

Luciana Esteves, gerente jurídica da
CCP – Cyrela Commercial Properties S.A.

Tive a sorte de conhecer o trabalho do Silvio pela situação adversa na qual me encontrei, jovem e trabalhando com altos executivos. Por sua experiência, seu método e seu cuidado especial em entender o momento em que me situava, utilizo até hoje seus ensinamentos, que mais pareciam conselhos durante nossas conversas semanais. Um profissional discreto que me deixou 100% confortável em dividir as mais adversas situações, visando e respeitando acima de tudo o indivíduo. Não poderia haver melhor forma de coroar sua trajetória que o lançamento deste livro.

Ricardo Valente, sócio e fundador da Mindigitall

Por meio de perguntas e reflexões, Silvio está sempre nos convidando ao amadurecimento e à compreensão de nossas responsabilidades com grande potencial de transformação para líderes e suas equipes. Sugere métodos e condutas extremamente práticas para questões complexas do cotidiano de líderes e gestores, valorizando sentimentos e necessidades de todas as naturezas.

Monica Szanto, diretora de recursos humanos da F.biz Comunicação

O Silvio Celestino é uma daquelas pessoas raras que a gente encontra na vida e depois nunca mais voltamos a ser como antes. Ele contribuiu profundamente para que eu encontrasse meu propósito, revisasse minhas prioridades e me reinventasse na vida e na carreira. O Silvio sabe perguntar e, sobretudo, ouvir. Estimula nosso pensamento. É acolhedor e mobilizador na medida certa. Acessível, profundo, íntegro, coerente e consistente. Entende a complexidade humana. Silvio é um líder transformador, e tenho certeza de que este livro será capaz de impulsionar pessoas e equipes.

Paula Caetano, *personal & executive coach, outplacement consultant, speaker* da Lee Hecht Harrison

Silvio Celestino foi, de longe, o melhor investimento de minha jornada profissional. Sua forma clara e precisa de trazer os desafios corporativos para uma realidade ilustrativa fez que as respostas chegassem de maneira cada vez mais natural, sempre embaladas de muita serenidade. Minha missão como líder hoje é oferecer a clareza das dinâmicas profissionais, com a qual ele me presenteou, para minha rotina e meu time.

Lara Branco, gerente de contas da Grey Brasil

Por meio do coaching com Silvio, vi na prática os benefícios do desenvolvimento de uma comunicação clara e bem definida de propósitos para a equipe. Com feedbacks mais consistentes e expectativas profissionais bem alinhadas, pude assegurar o engajamento e o comprometimento do time de maneira duradoura e genuína, gerando um igualmente genuíno pipeline de liderança alinhado com os valores da corporação. Espero que este livro faça o mesmo por você!

Murillo Rennó Ayres, *international logistics manager* da Votorantim GmbH, Salzburg – Áustria

O desenvolvimento das lideranças em qualquer empreendimento é fator preponderante e decisivo para que os objetivos iniciais sejam alcançados. Silvio Celestino conhece muito bem esse assunto, pois se dedica, há anos, a contribuir com a transformação de líderes, sempre enfatizando a necessidade de se identificar e se manter fiel ao propósito a ser executado. Foi assim que influenciou minha transformação, e jamais me afastei de seus ensinamentos!

Nelson de Carvalho Filho, diretor da Divisão de Educação do Grupo José Alves

Conheço a trajetória do Silvio Celestino, que hoje é membro do Conselho Consultivo do Instituto Strabos. Esta obra resume sua experiência e sua competência na área de coaching, *aliadas à sua paixão pelo tema. Um livro que certamente deve fazer parte do acervo literário dos atuais líderes e daqueles que pretendem alcançar posições de liderança. Uma leitura imperdível e um legado para muitas gerações.*

Dr. Mauro Goldchmit, diretor do Instituto Strabos, médico oftalmologista e professor de oftalmologia

O Silvio Celestino é o próprio líder transformador. Por meio de sua vasta experiência profissional, seu notório conhecimento e sua alma iluminada, somos instigados a buscar nosso real propósito como líderes. Suas sábias orientações nos fazem refletir sobre como engajar e mobilizar pessoas e equipes a gerarem resultados duradouros. Certamente, tenho o privilégio de vivenciar pessoalmente esse aprendizado e convido você a fazer o mesmo por meio da proveitosa leitura deste livro.

Márcia Peçanha, gerente regional *corporate* do Banco Bradesco

Minha experiência de coaching *com Silvio Celestino foi, sem dúvida, uma troca de temas e vivências significativas. Para nós, profissionais de saúde, que nos deparamos diariamente com erros na assistência médico-hospitalar, ele nos ensinou a desenvolver a capacidade gerencial, fundamental para educar e desenvolver os dirigentes dessas organizações que devem ter como principal valor estratégico a "segurança do paciente".*

Karina Pires Pecora, RN, MBA, fundadora e diretora de operações do Instituto Brasileiro para Segurança do Paciente

O setor de saúde necessita urgentemente investir na utilização do coaching *para suas lideranças que, com isso, terão equipes mais eficazes e de alto desempenho. Os líderes do setor, por meio do* coaching, *farão uma mudança em seu comportamento e seu desenvolvimento pessoal que levará a resultados positivos em suas vidas profissional e pessoal. Essa transformação ocorreu comigo. Isso é o legado que aprendi ao fazer* coaching *com Silvio Celestino.*

Dr. José R. C. Branco Filho, diretor clínico do Hospital São Camilo e fundador do Instituto Brasileiro para Segurança do Paciente

Nem sempre um líder vem pronto e acabado, como produto natural ou nascido nos laboratórios de marketing. Um líder pode nascer de cuidados, aprendizado, dúvidas e estímulos e, sobretudo, de exemplos simples e reflexões estimuladas que quase sempre resultam em pessoas capazes de liderar um processo dentro de empresas ou em eventos de naturezas diversas. A transformação de uma pessoa em líder e a consolidação desse perfil em uma sociedade carente de capacidades inovadoras e à frente de agrupamentos comunitários são a matéria-prima deste novo livro de Silvio Celestino. Recomendável a todos que se interessam por essa possibilidade humana.

Ademar Ramos, presidente da Associação Brasileira de Treinamento e Desenvolvimento do Paraná – ABTD/PR

SOBRE O AUTOR

SILVIO CELESTINO

Silvio Celestino nasceu em 18 de agosto de 1966 na cidade de Tupi Paulista, interior de São Paulo. É *coach* de executivos no Brasil e no exterior. Formado em Administração de Empresas e Análises de Sistemas pelas Faculdades Associadas de São Paulo, com pós-graduação em Marketing pela Fundação Getúlio Vargas de São Paulo. Depois de atuar, nas décadas de 1980 e 1990, como executivo e empresário na área de tecnologia da informação, tornou-se *coach* sênior com formação internacional pelo Integrated Coaching Institute. Desde 2002, é *coach* de executivos e empreendedores nos mercados de mineração, construção, bancos, siderúrgicas, agências de propaganda, educação, tecnologia da informação, *agrobusiness*, saúde, bebidas, consultorias, entre outros.

É palestrante e conferencista na área de liderança, *coaching* e carreiras, além de colunista e fonte de veículos como *Exame*, *Você S.A.*, *Infomoney*, *Olhar Digital*, *Administradores*, entre outros.

É autor dos livros: *Conversa de elevador – uma fórmula de sucesso para sua carreira*, de 2007, e *Diversity in coaching – working with gender, culture, race and age*, escrito com Jonathan Passmore, Marshall Goldsmith e outros, em 2009.

Silvio é sócio-diretor da Alliance Coaching e conselheiro da Associação Brasileira de Recursos Humanos – São Paulo e do Instituto Strabos.

SUMÁRIO

Introdução..1

CAPÍTULO 1 – O PROFISSIONAL COMPETENTE NÃO SERÁ, NECESSARIAMENTE, UM LÍDER DE VALOR 5

Profissional nota 10, líder nota 1 9
Mudar de cargo não significa se transformar em líder................12
O profissional que é líder pela primeira vez teme fracassar
   em sua nova posição..13
Transformação é o caminho necessário para um líder................14
Não mude de cargo, transforme-se em líder! 16

CAPÍTULO 2 – A AUSÊNCIA DE RESULTADOS DURADOUROS PODE QUEBRAR A EMPRESA E ACABAR COM A CARREIRA DO PROFISSIONAL..17

Falando sobre empresas..17
   Quando os líderes estão despreparados, os resultados são incertos............17
   Somente mudar a pessoa de cargo não a torna habilitada para a liderança....19
   As empresas não sabem como transformar pessoas
     em líderes verdadeiros 21
   As organizações não conseguem ter líderes aptos a lidar
     com as transformações a que estão submetidas constantemente 22
   Sem resultados duradouros, a empresa e a carreira das
     pessoas não têm futuro 24
Falando sobre quem deseja se preparar para ser líder 25
   O profissional não sabe o que aprender para ser escolhido como
     líder pela empresa..25
   O indivíduo não sabe como influenciar os níveis superiores para ser
     escolhido como o próximo líder..27

Falando sobre quando você atingir a liderança 28
   Virei gerente, mas não sei como serei promovido a diretor 28
   Preciso aprender a liderar pessoas de diversas gerações 29
   Por que seu chefe e a empresa estão interessados que você
   se transforme em líder? 31
   Meu gerente está preocupado que, se eu aprender a liderar,
   eu pegue o cargo dele..32
   Não sei qual é o método que devo usar para me preparar
   para ser líder na cultura empresarial brasileira 33

CAPÍTULO 3 – O PESO E OS PERIGOS DA LIDERANÇA.................35

CAPÍTULO 4 – O DESPREPARO PARA A LIDERANÇA......................41

Acreditar que ser líder é ser o técnico dos técnicos 41
Não compreender que é necessário aplicar um método para liderar 43
Os líderes não sabem qual a conexão de suas ações com os
   resultados da empresa...45
O profissional acredita que mudar de cargo é suficiente
   para ser transformado em líder 47

CAPÍTULO 5 – AS BASES PARA A LIDERANÇA 49

CAPÍTULO 6 – RESULTADOS DURADOUROS POR MEIO
DA LIDERANÇA 55

Passo 1: Adote um líder como modelo e siga seu exemplo................56
   Jesus Cristo..60
   Gandhi 61
   Nelson Mandela 62
Passo 2: Respeite sempre o cenário no qual a liderança é exercida........65
   Você consegue lidar com uma pessoa explosiva e que está te insultando?...66
   Você consegue rir com os outros quando a piada é sobre você? 67
   Você consegue passar por um período ruim sem desanimar?....................68

Você tem energia suficiente para ir em frente quando tudo está dando errado? 69
Você consegue lidar com situações de emergência? 70
Passo 3: Atue com foco na essência da liderança e nas competências básicas 73
Transforme sua comunicação em ações produtivas 75
Tenha sempre foco no propósito maior 77
Defina o objetivo com precisão 82
Apresente as alternativas viáveis para atingir o objetivo 86
Utilize critérios sólidos para definir a melhor alternativa 88
Faça a delegação com confiança 93
A primeira etapa do processo de delegação é chamada de direção 94
A segunda etapa da delegação é chamada de treinamento 97
A terceira etapa da delegação é chamada de apoio 98
A última etapa chama-se delegação propriamente dita 101
Garanta o resultado por meio do follow-up *indispensável* 102
Para atingir resultados duradouros, transforme o feedback em orientação produtiva 106
O *feedback* positivo: a orientação para que um comportamento seja copiado 108
Alguns exemplos reais de feedbacks positivos 110
O feedback negativo: a orientação para que um comportamento não se repita 111
Exemplos reais de *feedbacks* 118
Quando o *feedback* negativo pode ser transformado em positivo 121
Feedback – considerações finais 123
Utilize a motivação como força individual e da equipe 125
Faça a gestão de agenda com foco na realidade 130
Eventos urgentes e importantes: o quadrante da eficiência 139
Eventos importantes e que não são urgentes: o quadrante da eficácia 140
Eventos urgentes e não importantes: o quadrante da armadilha 143
O quadrante da inutilidade: por que fazemos coisas sem importância? ... 144

Passo 4: Utilize o estilo de liderança apropriado a cada situação 147
    Nos momentos difíceis, seja coercivo 148
    Mobilizar para que todos tenham uma visão grandiosa 151
    Para tirar suas dúvidas, seja democrático 153
    Tenha um ritmo acelerado para produzir no prazo inegociável 155
    Quando ocorrer o estresse, seja afiliativo 156
    Sempre desenvolva seu time, seja um coach 158
Passo 5: Contribua para que a empresa se transforme
em uma comunidade de resultados duradouros 161
    A estratégia deve ser como um avião: ter duas asas 162
    Auxilie a empresa a descobrir quais são os valores, as crenças
    e os propósitos dos clientes mais lucrativos 164
    Ajude a companhia a criar e desenvolver uma cultura
    empresarial que incorpore e expresse esses fatores 166
    Auxilie a empresa a formar uma comunidade de pessoas
    iguais aos clientes mais lucrativos 167
    Fazendo a conexão do líder com os resultados duradouros 171
    Você é capaz de gerar resultados duradouros 171
    Estudar, conhecer e respeitar os valores, as crenças e os
    propósitos dos clientes 177
    O líder é o guardião de valores, crenças e propósitos da empresa 179

CAPÍTULO 7 – VOCÊ É O LÍDER 181

Assuma seu papel de líder 181
Faça os ajustes necessários ao seu contexto de liderança 182
Lidere com excelência 183

CAPÍTULO 8 – UM MUNDO DIRIGIDO POR
LÍDERES PREPARADOS 187

Imagine a beleza de um mundo com líderes preparados 187
Pense como seria o mundo se você fosse um desses líderes
    transformadores 188
Bons líderes formam bons líderes, não apenas seguidores 188
REFERÊNCIAS BIBLIOGRÁFICAS 191

INTRODUÇÃO

Quais perguntas reais sobre liderança você gostaria de ver respondidas neste livro?

Uma pergunta real é aquela que, se respondida, resolve um problema pelo qual você está passando neste momento.

Exemplos de perguntas reais:

- Como dar *feedback* para um funcionário que é muito resistente?
- Como delegar e assegurar que a tarefa será realizada?
- Como motivar uma pessoa?

Agora, escreva suas perguntas e leia este livro tendo-as em mente.

Se me permite uma sugestão inicial, você encontrará soluções mais apropriadas para seu contexto se, em vez de fazer perguntas que se iniciam com "como", as fizer começando com "o que devo considerar para...".

Por exemplo:

- O que devo considerar para dar um *feedback* a alguém que é muito resistente?
- O que devo considerar para delegar?
- O que devo considerar para motivar pessoas?

Agora, sim! Mantenha essas perguntas vivas em sua cabeça ao ler este livro.

Saber fazer perguntas poderosas é a primeira competência a ser desenvolvida por um líder.

Uma pessoa pode ser promovida a gerente, mas ninguém pode ser promovido a líder. Liderança é uma conquista diária, é uma posição que se constrói com bases em comportamentos e atitudes específicas e muito bem direcionadas.

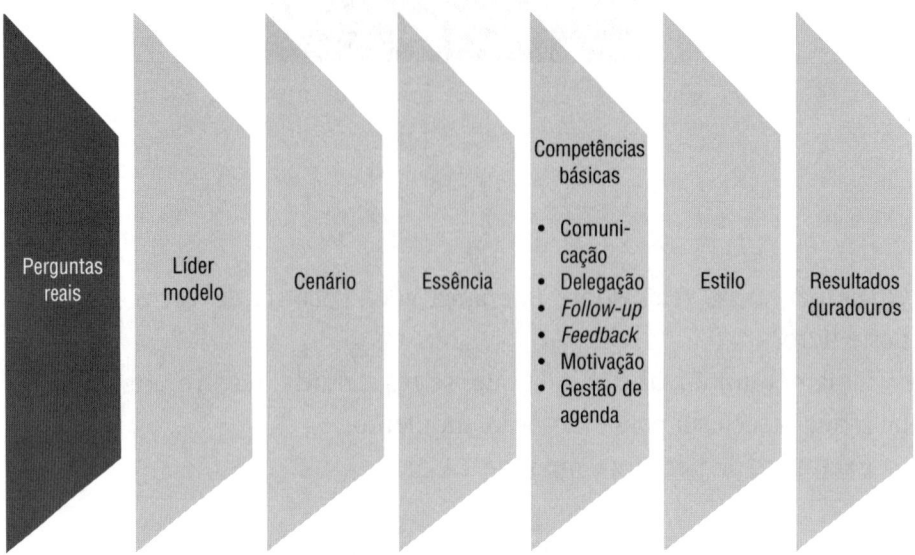

FIGURA I-1 O caminho do líder transformador começa com "perguntas reais".

Tenho uma profunda admiração pelas pessoas que são líderes dentro das empresas. Elas são responsáveis pela construção do mundo em que vivemos. São elas que estão por trás de toda a operação para fazer chegar às empresas e aos indivíduos produtos e serviços de qualidade, desde a mais simples encomenda ao mais sofisticado sistema de computadores. São homens e mulheres que dedicam seu tempo, esforço e entusiasmo para fazer um time de pessoas solucionar problemas.

E o mundo é cheio de problemas! Temos de fazer a água potável chegar a bilhões de seres humanos, a energia não pode faltar para as empresas e as cidades, o sistema bancário não pode errar, manter com precisão o controle dos aviões é vital para a segurança das pessoas.

Seja qual for o problema a ser resolvido, um líder terá de conseguir recursos financeiros, estruturas e, principalmente, influenciar e mobilizar pessoas para que a solução seja entregue. Trabalhará arduamente para que orçamentos limitados, estruturas nem sempre adequadas e pessoas de todos os tipos se integrem e façam as empresas funcionarem.

Um dos grandes desafios de liderar é que os líderes devem se motivar diante dos problemas. Não basta mudar de cargo ou desejar a liderança, pois ela é uma combinação de conhecimento, domínio emocional, preparo psicológico, destreza política e estratégica, entre outros aspectos.

Em resumo, é importante ter consciência de que somente um crachá ou o desejo de liderar não farão de você um líder. Você vai precisar construir o líder que deseja ser, tendo como base de apoio atitudes e ações que lhe ofereçam conhecimentos testados na prática e que mostraram funcionar na formação e no exercício da liderança.

Este livro é resultado da combinação de conhecimentos que podem ser encontrados em centros de estudos e de desenvolvimento de liderança – como Center for Creative Leadership (CCL), Integrated de Coaching Institute (ICI), The Unicist Research Institute (TURI) – e nas obras de autores como: Ram Charan, Peter Senge, Rhandy Di Stéfano, Marshall Goldsmith, Jonathan Passmore, Shaun Smith, Carolyn Taylor, Peter Belohlavek, Al Ries, Jack Trout, Robert e Kim Kiyosaki, Michael Maloney, Ayn Rand, Susan Cain, entre outros.

Ele também foi construído por meio de resultados obtidos durante muito tempo com meu trabalho nos processos de *coaching* com líderes executivos e empresariais de áreas como mineração, agências de publicidade e propaganda, empresas de artigos de luxo, metalurgia, autopeças, previdência, tecnologia da informação, fundição, construção civil, moda, bancos, editoras, advocacia, seguro, assessoria de imprensa, software, escola de idiomas, operadores de turismo, entre outras. São mais de dez anos no desenvolvimento de líderes em situações reais.

Meu propósito é trazer uma base para você se desenvolver como líder e se tornar capaz de resolver muitos problemas, influenciar pessoas e trazer soluções para a vida de todos que precisarem de sua preciosa contribuição.

Este livro foi escrito para você que deseja ser líder de pessoas e não sabe por onde começar. No entanto, ele é ideal para quem é gerente há pouco tempo ou poderá ser promovido à liderança em breve.

Ele também é útil para aqueles que já são gerentes e precisam aprimorar competências específicas de liderança como delegação, comunicação, *feedback*, gestão de agenda e motivação de pessoas.

E se você é profissional de recursos humanos, *coach* ou mentor e precisa preparar alguém para a liderança, este livro é uma ferramenta de apoio para desenvolver as competências do futuro gestor, oferecendo a ele uma base de conhecimentos práticos de liderança.

Vamos em frente!

CAPÍTULO 1
O PROFISSIONAL COMPETENTE NÃO SERÁ, NECESSARIAMENTE, UM LÍDER DE VALOR

Querer ser líder apenas pela ascensão ao cargo não é suficiente para exercer uma liderança verdadeira. É preciso ir além, é fundamental entender as necessidades da empresa, é importante compreender por que novos gestores competentes precisam ser encontrados e preparados no meio empresarial. Caso contrário, você estará focando apenas suas necessidades – e uma das primeiras competências desejáveis no líder é saber se colocar no lugar do outro, como, por exemplo, "calçar os sapatos" também dos donos da empresa, para "saber onde eles apertam".

A melhor maneira de você realizar o sonho de ser gerente é ajudar a empresa a realizar o sonho de seus clientes. Isso significa que, se você deseja liderar, tem de compreender o negócio da empresa em que está.

Vamos pensar um pouco, então, sob o ponto de vista da organização.

Uma empresa não cresce de maneira duradoura se não formar novos líderes. Para cada gerente sem alguém que o substitua em caso de necessidade, existe uma fragilidade que coloca em risco a companhia.

Se o principal diretor da organização ficar doente, ou sofrer um acidente, o que ocorrerá com a empresa? E se o gerente de tecnologia se demitir, quem tomará as decisões que mantêm os sistemas da companhia funcionando?

Não precisamos, porém, ir para os casos extremos. Basta pensar na necessidade de promover pessoas para novos cargos que surgem com o crescimento da empresa. Quem ficará no lugar que o líder promovido antes ocupava, se não tivermos preparado seu substituto?

Portanto, a formação constante de novos líderes deve fazer parte da estratégia de toda organização séria em relação a seu futuro.

É preciso pensar, no entanto, se, do ponto de vista da companhia, você está preparado para substituir seu gerente. Ou se preparou alguém para substituir você no cargo em que está, para então assumir uma promoção. Se uma só dessas condições não estiver cumprida, é quase certo que você não será promovido.

Também é uma realidade que nem sempre as empresas podem esperar que alguém se desenvolva nas questões de liderança. Quando isso acontece, no desespero de fazer frente ao seu crescimento e à necessidade de manter os custos baixos, as empresas, por vezes, promovem profissionais inexperientes e imaturos a cargos de liderança. Sem o preparo técnico e cultural apropriado e com o baixo domínio emocional – afinal, liderar exige muito das emoções e é necessário mantê-las sob controle –, os resultados são incertos.

É fundamental fornecer aos gestores inexperientes e aos profissionais que desejam se tornar líderes informações e treinamentos que os preparem para a liderança. Isso reduzirá as possibilidades de erros básicos do novo gestor.

Muitos funcionários querem ser gerentes por causa do *status*, do poder e do dinheiro. Apesar de os indivíduos desejarem o cargo de gerente, o que se percebe é que aquilo que almejam são os benefícios que essa posição traz: maior salário, carro, um plano de saúde melhor e, é claro, *status* (a maioria das pessoas gosta de ter um cartão de visitas no qual se lê "Gerente" logo abaixo de seu nome). Contudo, elas se esquecem das responsabilidades, dos times que vão liderar e do compromisso com os resultados, especialmente os de longo prazo.

Ser líder exige conhecer também as adversidades da liderança e como resolvê-las por meio das melhores práticas, além do domínio de situações que envolvam as competências de líder, como a delegação, o *follow-up*, a comunicação, o *feedback*, a motivação, entre outras.

Normalmente, aqueles que desejam ser promovidos não sabem bem o que devem aprender e fazer para que seu nome esteja na lista de promoção. Sem esse conhecimento, procuram imitar seus chefes, que nem sempre são os modelos de líderes que a empresa deseja para o futuro; escolher o modelo certo de líder como referencial, para se tornar o líder que você quer ser e que a empresa deseja, é fundamental para ser bem-sucedido.

Também podem ler sobre metodologias de gestão úteis em outros países, mas inaplicáveis na cultura brasileira. Ter acesso às melhores práticas em liderança no Brasil é uma solução com maiores chances de sucesso. Esclarecer e orientar sobre essas práticas são alguns dos propósitos deste livro.

Quando falamos em liderança que dá resultados duradouros, vêm à mente duas perguntas: o que são resultados duradouros e sobre quais líderes estamos falando?

Estudos feitos por centros, como o The Unicist Research Institute, mostram que seres humanos e sistemas formados por pessoas, como as companhias, evoluem em ciclos.

Uma empresa enfrentará ciclos econômicos formados por fases de expansão e contração. A expansão ocorre quando ela conquista novos mercados, aumenta de tamanho, as vendas e o faturamento crescem. Nessa fase, o líder deve ser capaz de maximizar os ganhos, além de procurar estendê-la tanto quanto for possível.

Portanto, sua liderança precisará ser dinâmica, entusiasmada e demandar um ritmo acelerado de todos na empresa, para aproveitar ao máximo as oportunidades existentes nesses momentos de expansão.

A contração acontece quando a empresa perde vendas e mercados. O faturamento diminui e a empresa, em vez de lucro, dá prejuízo. Nessa fase, o líder deve ser capaz de minimizar as perdas, buscar abreviar esse período de crise e fazer o que for necessário para salvar a empresa e torná-la novamente lucrativa. Se falhar nessa missão, a companhia pode morrer. Nesses períodos, é preciso liderar com determinação, otimismo e coragem, além de passar encorajamento a todo o seu time.

Toda empresa também enfrentará momentos de rupturas. São situações abruptas nas quais ocorre uma crise econômica mundial ou no país em que a firma opera. Ou pode acontecer de uma lei ser aprovada e ser desfavorável à companhia. E também uma nova tecnologia pode causar um dano irremediável à empresa. Nesses momentos, a organização pode deixar de existir, caso seus líderes não sejam capazes de avaliar rapidamente a situação, refletir, definir ações e agir.

Quando uma ruptura ocorre, não há tempo a perder; o líder deve ser capaz de abandonar rapidamente ideias do passado. Não pode ficar paralisado, precisa agir com velocidade para fazer frente a algo que poderá destruir a companhia.

Quando resultados duradouros ocorrem, eles asseguram a existência da empresa no momento presente e também no futuro. Para conseguir esse tipo de resultado, o líder precisa estar preparado para trabalhar com a evolução da empresa e suas fases de expansão, contração e, principalmente, momentos de rupturas.

Por mais longo que seja o sucesso de uma empresa, em algum momento, inevitavelmente, ela passará por essas situações. Por isso você deve sempre, como líder, olhar para o futuro e se perguntar onde estão os riscos que levarão a empresa a uma contração e quais as ações que poderá tomar para enfrentar essa situação. Deve se perguntar também, com frequência, o que fará se uma ruptura ocorrer.

Lembre-se de que companhias como Kodak, Varig, Mappin, Pan Am, Arthur Andersen e Digital Equipment Corporation já foram símbolos representativos de seus mercados. Se, no auge de suas histórias, seus líderes fossem informados de que elas não existiriam no futuro, eles provavelmente diriam que isso era loucura de quem fez a afirmação.

Portanto, um líder jamais deve assumir que os períodos de sucesso são eternos, por mais longos que sejam. Sempre há riscos, e é preciso, mais até do que admiti-los, saber reconhecê-los e enfrentá-los.

Os líderes a que me refiro neste livro são aqueles profissionais em cargos de administração capazes de tomar decisões que interferem nos resultados da empresa. É comum, principalmente em indústrias, a palavra *líder* ser associada a cargos, como líderes de produção. Entretanto, um gerente é um líder, assim como um diretor e, é claro, o presidente da empresa.

Na verdade, Ram Charan – renomado escritor e consultor sobre liderança em empresas como GE, KLM e Bank of America, em seu livro *Pipeline de liderança*, mostra-nos que existem vários níveis de liderança:

- O primeiro deles é ser líder da própria vida; dessa forma, todos nós somos líderes e precisamos nos aprimorar continuamente nessa liderança.

- O segundo nível é ser líder de uma tarefa.
- Somente no terceiro nível de liderança é que o indivíduo possui subordinados a ele.
- E, depois disso, temos ainda: líder de líderes, líder de função – aquele que precisa, por vezes, liderar áreas que não lhe são familiares ou pessoas em cargos acima do seu, como é o caso de um gerente de RH ou de finanças –, líder de unidade de negócios, líder empresarial e, finalmente, líder global.

Essa é uma ideia que parece óbvia, mas que nem sempre está clara para todos os envolvidos. Recordo-me que, certa vez, meu sócio e eu, ao anunciarmos na rádio um curso para formação de líderes, não conseguimos nenhuma inscrição. Então, mudamos o nome do curso para "Formação de gerentes", e as inscrições foram um sucesso.

Não deixa de ser curioso observar que gerentes e diretores não se consideram líderes. Consideram-se apenas responsáveis pelos resultados. Esquecem-se de que, para obtê-los, precisam influenciar pessoas. E, para isso, não dá para esquecer seus papéis na liderança.

É fundamental que você também nunca se esqueça de seu papel, ao assumir a gestão de um time de pessoas. E isso inclui saber com clareza qual é a razão pela qual a empresa precisa de você como líder.

PROFISSIONAL NOTA 10, LÍDER NOTA 1

O fato de você ser um bom profissional o qualifica a ser um bom líder?

Vamos supor que você seja um excelente engenheiro de computação, com muitos anos de experiência na área. Isso o qualifica para ser um gerente de engenharia?

Novamente, precisamos pensar sob o ponto de vista da companhia e do momento em que ela precisa de novos gestores. Isso pode ocorrer, por exemplo, porque o gerente atual está com muitos funcionários e operações sob sua responsabilidade e, por isso, não dá conta de tudo. As decisões estão lentas, pessoas esperam por semanas, ou meses, para tratar de assuntos relevantes com o gestor. E o estresse começa a se instalar pela lentidão das decisões. Se nada for feito, as operações começarão a sofrer descontinuidade e o resultado será afetado.

Chegou, então, o momento de promover alguém a gestor de pessoas. Contudo, como promover alguém, quando os possíveis candidatos não sabem o básico sobre liderança?

Outra situação é quando o profissional está em um cargo técnico e se destaca dos demais e, após certo tempo, começa a dar sinais de que deseja subir de cargo. Ele poderá ser sutil e discreto na forma de passar essa mensagem, aceitando com certa resignação e persistência se a empresa recusar promovê-lo no curto prazo. Se a companhia, porém, demorar muito a perceber seu desejo, poderá perder o profissional para a concorrência ou passar a ter alguém importante desmotivado em sua equipe.

Existe também aquele funcionário que é direto e, por vezes, pode cobrar de seu gestor um prazo para que a promoção ocorra. Nesse caso, a empresa sabe que, se não o promover, ele pedirá demissão. Ao mesmo tempo, percebe claramente que ele não está pronto para ser líder. O que fazer?

Em alguns casos, a empresa opta pela promoção, ainda que prematura. Contudo, a decisão de promover um indivíduo despreparado para a liderança torna algo que já era um problema em uma situação fora de controle. A promoção faz a empresa perder um profissional nota 10 e ganhar um gerente nota 1, o que é péssimo para todo mundo.

Um exemplo de problema possível de ocorrer, quando o profissional não está pronto para a liderança, é que sua comunicação pode ser cheia de jargões técnicos, perfeitamente normais no ambiente operacional em que ele vive, mas praticamente incompreensíveis aos diretores. Nesses casos, quando a diretoria precisa tomar decisões e necessita de informações claras, o fato de não entender o que seu novo gerente fala se torna um grande complicador.

O profissional que foi promovido à gerência pode não ser capaz de estabelecer objetivos claros, o que desorienta e confunde a equipe. E também por insegurança, hábito, estilo de trabalho ou desconhecimento, ele pode não delegar tarefas e responsabilidades para a equipe e viver sobrecarregado – o que compromete todo o fluxo de trabalho do departamento.

Quem não tem experiência em liderança também pode não estar habituado a ouvir seus subordinados e não lhes dar *feedbacks* – até mesmo por acreditar firmemente que essa é uma função exclusiva do departamento de recursos humanos. As consequências são problemas de desajustes e insatisfação que fatalmente ocorrerão em sua equipe.

Em situações como as mencionadas, entre tantas outras relacionadas ao despreparo do líder, se algo não for feito, a empresa pode perder não só um antigo bom profissional, mas um departamento inteiro.

Acredito que, neste momento, já é possível que você perceba os problemas que ocorrem na empresa quando o desejo do profissional de ser líder é maior que seu preparo para assumir esse cargo.

Infelizmente, os problemas da companhia gerados pela necessidade de novos líderes não param por aí.

Existe ainda a situação na qual a empresa necessita desesperadamente de um novo gerente. Na pressa, promove ao cargo um técnico, sem saber que ele não deseja ser líder. Por constrangimento e por temer ser visto como alguém que não sai de sua zona de conforto, ele aceita o cargo. Finge gostar da nova função, mas se sente perdido a cada reunião e, o que é pior, sem energia para aprimorar-se nas competências de gestão.

Curiosamente, ao contrário do que se costuma pensar, isso não ocorre somente para as pessoas que estão no início de sua carreira de liderança. Podemos ter casos desse tipo até nos altos escalões empresariais.

Em uma das assessorias que prestei, ouvi o caso de um vice-presidente que fora preparado para ser CEO (*chief executive officer*) da empresa. Ele, contudo, nunca quis esse cargo. Seu desejo era permanecer como vice-presidente até a aposentadoria. Entretanto, ele também não sabia o que fazer, caso recusasse a oportunidade de promoção.

Felizmente, o crescimento da empresa (diga-se de passagem, muito por causa de sua atuação) fez sua diretoria tornar-se responsável por uma operação muito maior, e ele pôde ficar na mesma posição por mais tempo, pois continuou a ser o mais indicado para geri-la.

A partir de situações como essas, é importante que você tenha em mente que as empresas frequentemente se encontram diante de um dilema: como preparar rapidamente um bom funcionário para ser um bom gestor?

Você pode dizer hoje que tem alta capacidade de aprendizagem para temas que não são técnicos, mas sim de liderança?

Se você deseja liderar uma equipe, a empresa espera que sua resposta seja "Sim".

MUDAR DE CARGO NÃO SIGNIFICA SE TRANSFORMAR EM LÍDER

O que pode indicar que você se tornou de fato um líder? É claro que somente o fato de ter mudado para um cargo maior não lhe dá essa condição.

Mudar de cargo, pura e simplesmente, não o transforma em líder pelo simples fato de que ninguém pode efetivamente ser promovido a líder. Liderança é uma conquista, e você precisa ser percebido como líder muito antes de ser promovido a um cargo de gestão. E essa percepção de sua liderança depende, além de sua competência no que faz, de sua imagem, sua comunicação e seu comportamento.

Portanto, mesmo durante aquela fase em que você atua em um cargo técnico, preste muita atenção a esses três fatores e saiba como modificá-los para que fiquem de acordo com a cultura de sua empresa – essa é a maneira de você ser visto como um líder por aqueles que têm o poder de promovê-lo.

O grande erro de pessoas que desejam assumir a liderança é que poucas vezes elas consideram que precisam passar por essa transformação para dar esse salto em sua carreira. Inclusive, muitos ignoram que, a partir da promoção à liderança, o profissional passa a ser um representante da empresa perante os funcionários, outros departamentos e, principalmente, os clientes.

Nada é mais comprometedor para a carreira de um gerente do que falar como se fosse um simples empregado da empresa, uma vez que, na verdade, ele a representa. Não é possível se tornar gestor e acreditar que, em algum momento, sua imagem não estará associada à empresa. Muitos executivos cometem erros gravíssimos ao se descontrolar na bebida em uma festa (principalmente a da empresa), ao mostrar fotos constrangedoras ou escrever bobagens nas redes sociais.

Se seu objetivo é atingir cargos de liderança em sua empresa, você deve responder para si mesmo as seguintes questões: Como corrigir esse tipo de postura e enxergar os desafios da liderança com a mesma energia com que você vê os benefícios agregados a esse cargo? Como fazer para ter consciência de seu verdadeiro papel dentro e fora da empresa e assumi-lo com competência?

A solução para essas questões passa necessariamente pela sua formação adequada em liderança, para que esteja pronto para assumi-la, quando a oportunidade surgir.

Se você deseja ser líder, deve se preparar para uma transformação.

O PROFISSIONAL QUE É LÍDER PELA PRIMEIRA VEZ TEME FRACASSAR EM SUA NOVA POSIÇÃO

Se a pessoa não se transformar em um líder de fato e quiser utilizar seu conhecimento técnico para resolver os problemas de liderança, em pouco tempo perceberá que ele é insuficiente.

Essa situação é comum ao indivíduo que, pela primeira vez, tem de liderar pessoas. Apesar de ter desejado muito a promoção e talvez até mesmo ter procurado se preparar para ela, ao se ver gerente, sente o peso do cargo. Teme fracassar em sua nova posição.

A consequência de a pessoa tentar resolver os problemas de liderança com seu conhecimento técnico é que, para evitar o fracasso, ela se torna altamente centralizadora. Quer saber de cada detalhe técnico para assegurar que as operações sairão a contento. Cobra explicações de cada ato de seus subordinados. Não deixa as tarefas fluírem, pois deseja que tudo passe por sua aprovação antes de ser enviado aos demais departamentos e, principalmente, aos seus superiores hierárquicos.

Pessoas assim vivem estressadas, enfrentando sempre uma jornada de trabalho dupla, pois assumem que, se quiserem as coisas bem-feitas, elas mesmas têm de fazê-las.

Assim, à noite a pessoa revê o trabalho de seus funcionários e tenta dar o exemplo trabalhando como eles, muito embora ela devesse delegar essas atividades e ter mais tempo para pensar em questões estratégicas. Entretanto, ela não sabe como sair dessa rotina e teme que, se mudar algo, fracasse.

É difícil para ela entender que *liderar exige uma transformação pessoal*, e não apenas mudança nas rotinas. Transformar e mudar não são sinônimos, não são o mesmo fenômeno. E todo líder deve saber no que diferem, se deseja obter resultados duradouros e ser bem-sucedido em seu cargo. Uma mudança pode ser revertida. Já uma transformação é uma modificação permanente – uma vez ocorrida, não tem retorno para a situação anterior.

TRANSFORMAÇÃO É O CAMINHO NECESSÁRIO PARA UM LÍDER

Quantas coisas você pode mudar em sua vida? Imagine que você não esteja satisfeito com a disposição dos móveis em sua sala. Então você decide mudá-los. Puxa o sofá para cá, empurra a mesa para lá, troca o tapete de lugar e, finalmente, estão todos em uma nova posição.

Entretanto, ao observar o resultado, você não fica satisfeito. Na verdade, não ficou tão bom quanto você esperava. Após descansar um pouco e recuperar as energias, você volta todos os móveis às suas posições anteriores.

Isso é mudar. Ou seja, as coisas ao seu redor estão de um jeito, você muda o que deseja para uma nova disposição e tem a possibilidade de voltar ao jeito anterior.

Mas, espere um pouco. Tudo no mundo é assim? Eu posso sempre mudar e depois voltar à situação anterior se não gostar?

Ao observarmos nosso planeta e seus vulcões, vemos que as lavas que saem deles modificam de maneira definitiva a paisagem ao seu redor. Não há como retorná-las para dentro dos vulcões. Do mesmo modo, um bicho-da-seda *se transforma* em borboleta, *não muda simplesmente* para borboleta – porque não dá mais para voltar a ser bicho-da-seda. Ou seja, quando ocorre uma modificação permanente em alguma coisa, isso não é mudança, é uma transformação!

Desse modo, observe com atenção nosso mundo e como ele se transforma o tempo todo: o sol, os mares, os vulcões, os ventos, os fenômenos climatológicos, tudo isso altera constantemente e de maneira definitiva nosso planeta.

Agora pense nos mercados e como eles se transformam: é só observar como era realizada a venda de livros há 20 anos e como é feita agora. Ou como eram operadas as bolsas de valores e comparar com os dias de hoje. Pense em sua área de atuação e todas as transformações a que foi submetida ao longo dos anos.

As empresas também estão em constante transformação: você consegue imaginar as companhias sem computadores? Elas eram assim há algumas décadas.

A mudança é um evento que, a partir de uma situação, gera uma ação que a altera. Entretanto, essa ação pode ser revertida e, desse modo, a situação original pode ser restabelecida.

Porém, vivemos em um mundo em constante transformação. Não há volta.

E você? Bem... Você também se transforma a todo instante. Se olhar com atenção sua imagem no espelho, observará que, a cada dia, de maneira constante, algo se transforma em você.

E assim é com tudo na vida. O estado permanente do mundo é o da transformação. Mudanças não trazem soluções definitivas. Então, é preciso estar pronto e disposto para a transformação.

Ela deve ocorrer também em sua visão de mundo, em suas ideias e na maneira como você enxerga e lida com as situações empresariais.

Quando um profissional acredita que é um líder porque mudou de cargo, na verdade ele pensa também que é possível voltar à situação anterior, caso não se adapte à nova função. Para ser um líder de verdade, o profissional tem de se transformar.

Somente as pessoas que se transformam continuamente são capazes de construir uma carreira bem-sucedida.

Tornar-se um líder exige transformação pessoal. Não existe a situação de "estar líder". Ou você é líder ou não é. Ou você se transforma para se tornar um líder ou jamais será capaz de exercer uma liderança que gere resultados desejáveis e duradouros na empresa.

Portanto, qualquer um que queira liderar verdadeiramente tem antes de se transformar em um líder.

NÃO MUDE DE CARGO, TRANSFORME-SE EM LÍDER!

Neste momento, já deve ter ficado claro para você que, para ser líder, não basta mudar de cargo. Se você continuar pensando o contrário, estará cometendo um terrível erro de avaliação e comprometendo seu crescimento profissional.

As pessoas não passarão automaticamente a respeitá-lo como gerente somente pelo nome do cargo que ocupa. Você vai ter de conquistar o respeito como líder. Terá de demonstrar que *se modificou de maneira definitiva* – ou seja, *transformou-se* – em sua imagem, seu diálogo e seu comportamento, a fim de convencer e ser respeitado por todos como líder, até mesmo pelos níveis hierárquicos acima do seu.

Portanto, não mude de cargo... **Transforme-se em líder!**

Vou mostrar a você o caminho para fazer isso acontecer!

CAPÍTULO 2

A AUSÊNCIA DE RESULTADOS DURADOUROS PODE QUEBRAR A EMPRESA E ACABAR COM A CARREIRA DO PROFISSIONAL

Para que a empresa exista hoje e no futuro, ela deve se ocupar constantemente em preparar novos líderes. Um indivíduo que deseja ser um deles deve saber como se habilitar para chegar lá e tornar-se um bom candidato na disputa pelo cargo desejado. E saber desde já que aquele que é líder de pessoas precisa conhecer as melhores maneiras de como preparar seu substituto, para que ele mesmo possa estar livre para assumir novos desafios em outros cargos a que for convidado ou a que estiver pleiteando.

Vamos analisar um pouco mais cada uma dessas situações.

FALANDO SOBRE EMPRESAS

QUANDO OS LÍDERES ESTÃO DESPREPARADOS, OS RESULTADOS SÃO INCERTOS

É muito difícil ter resultados consistentes com líderes despreparados. Infelizmente, encontramos pessoas despreparadas em posições relevantes nas organizações. Esse despreparo, ao longo do tempo, solapa o ânimo dos empregados, faz a companhia acreditar em planos mirabolantes, afasta a preferência dos clientes e compromete a saúde financeira da organização.

Esse despreparo, por vezes, revela-se no desequilíbrio emocional do líder diante de uma situação de pressão por resultados, na falta de cuidado com as pessoas e até mesmo em diálogos inapropriados com aqueles que estão acima dele.

Essa situação não só acarreta prejuízos aos investidores, mas também estressa e prejudica colaboradores, fornecedores, clientes e até mesmo o governo, em razão da perda de arrecadação de tributos.

Um líder despreparado causa muitos danos à comunidade. Pior ainda se for um indivíduo carismático, capaz de capturar a confiança de investidores e funcionários, mas que descumpre compromissos assumidos. Isso pode causar danos irreparáveis e comprometer a continuidade das organizações.

Ninguém tem interesse em manter o emprego em uma empresa em dificuldades. E não é fácil ser gerente nesse contexto. Sem habilidade para gerir em tempos de crise, um líder despreparado pode agravar ainda mais a situação ao tornar o clima insustentável para seus funcionários. Depois de algum tempo, eles começarão a questionar se vale a pena contribuir para a recuperação da companhia sob as ordens de um gestor que não gera confiança. Eles o abandonarão e, por conseguinte, abandonarão a empresa. E é muito comum que os melhores funcionários façam isso primeiro, o que agrava a situação.

Em meados da primeira década de 2000, uma importante rede varejista trouxe um executivo europeu para comandar suas atividades no Brasil. Entretanto, ele era muito centralizador, ríspido, e tomava decisões sem ouvir seus diretores. Uma crise se instalou na empresa e as vendas declinaram.

Na ânsia de tomar uma decisão rápida, esse executivo resolveu aumentar os preços dos produtos para compensar as baixas vendas, contrariando as recomendações de seus diretores de vendas e de marketing. O resultado foi desastroso.

As pessoas começaram a questionar sua competência. Muitos saíram da organização, pois não aguentavam seu jeito rude. Para piorar a situação, ele demitiu a diretora de RH, considerada um ícone pelos funcionários, de forma intempestiva. O clima organizacional se deteriorou. A rotatividade aumentou, e as vendas caíram ainda mais. Finalmente, o executivo foi demitido pela matriz europeia. Contudo, o estrago de suas ações levou anos para ser reparado.

Se você vai liderar, é importante compreender como pensa alguém que investirá em sua empresa. É improvável que investidores coloquem dinheiro em uma companhia que não possui um futuro promissor. Nessa situação, o líder empresarial tem a árdua tarefa de convencê-los de que conseguirá recuperar a organização, apesar de ela estar em um período ruim.

Caso o líder não tenha credibilidade, os investidores vão substituí-lo, ou, em casos extremos, retirarão seu dinheiro da empresa. Por esse motivo, líderes devem ser capazes de transmitir credibilidade e confiança, principalmente em momentos de crise. E isso vale para a liderança em qualquer nível, até para os gerentes iniciantes.

O que se espera é que a empresa seja capaz de existir e progredir no longo prazo. Da perspectiva de um empregado, é a garantia de uma carreira. Para o investidor, é a certeza do retorno de seu investimento. Para o cliente, é a garantia de apoio e longevidade a seus produtos e serviços adquiridos.

Somente líderes capazes de conduzir os negócios estrategicamente e conquistar a confiança de investidores, de empregados e de clientes podem assegurar o futuro da empresa.

SOMENTE MUDAR A PESSOA DE CARGO NÃO A TORNA HABILITADA PARA A LIDERANÇA

É compreensível que você queira um cargo de gerente, afinal, é um indicativo de que você busca progredir em sua carreira profissional. No entanto, você precisa refletir sobre o que a companhia quer que aconteça com você ao ser promovido.

As empresas mudam o nome dos cargos das pessoas na esperança de que isso desperte nelas a chama da liderança. Esperam também que essa chama seja capaz de fazê-las se interessarem pelas competências dos líderes e desenvolvê-las. Assim, de uma hora para outra, um indivíduo passa a ser chamado de gerente. Isso, porém, é muito diferente de ele se tornar um verdadeiro líder.

As mudanças, puras e simples, quando erradas, são passíveis de serem revertidas, mas isso não é algo bom quando se trata de promover alguém a um cargo de liderança. Quando a empresa o faz com a ideia de que "se ele não der certo, voltamos atrás e elegemos outro para o cargo", está tomando uma decisão que pode ocasionar danos à carreira da pessoa, ao clima organizacional e à cultura da empresa.

De fato, sem o preparo adequado, o indivíduo tanto pode voltar ao cargo anterior – já vi isso acontecer, o que acarretou muito constrangimento para a pessoa – como também pode ser demitido. A segunda situação é a mais comum.

Em um dos trabalhos que desenvolvi para uma grande empresa de alimentos, houve o caso em que uma supervisora de produção foi promovida a gerente de fábrica. Ela era muito técnica, mas pouco hábil como líder. Como gerente, não compreendia por que as pessoas não faziam o que ela pedia. Então, passou a endurecer com seus subordinados, pensando que a respeitariam. No entanto, em vez de a situação melhorar, eles passaram a boicotá-la. O clima do setor ficou péssimo e, um ano após sua promoção, ela foi demitida. A empresa perdeu anos de investimento no desenvolvimento de uma profissional brilhante, mas se esqueceu de prepará-la para a gestão de pessoas.

Promover alguém despreparado para a liderança frequentemente é condenar a carreira do profissional ao fracasso e manter-se longe da solução de que a empresa realmente precisa.

Além disso, essa ação pode afetar os resultados ao longo dos anos, principalmente em companhias cujas decisões precisam de tempo para produzir efeitos e, se incorretas, levam anos para serem revertidas. Como é o caso de empresas de mineração e de infraestrutura – para se ter uma ideia, certa vez, um gerente de mineração me esclareceu que, entre a localização de uma área adequada para uma mineradora, a avaliação do potencial da mina, as licenças ambientais e de funcionamento, as obras e o início da operação, passam-se até duas décadas. Por isso, uma decisão errada quanto às lideranças em uma empresa desse tipo pode acarretar problemas durante anos, até que seja possível corrigi-la.

Portanto, ser preparado para liderar não significa simplesmente estar pronto para mudar o nome do cargo no crachá. É preciso transformar-se em líder de verdade. Transformar significa produzir modificações permanentes em sua visão de mundo, sua visão empresarial, seu comportamento, sua imagem e sua forma de se expressar.

Lembro-me da história de um profissional que surpreendeu positivamente a todos ao ser promovido.

Marcos era engenheiro de manutenção sênior em uma importante mineradora no interior de Minas Gerais. Muito empenhado no trabalho, mas, ao mesmo tempo, muito discreto. Após anos de dedicação à empresa, surgiu a oportunidade de ser promovido ao cargo de gerente de manutenção e projetos. Alguns diretores ficaram receosos de que ele não daria conta do cargo, pois, de fato, era muito calado e não aparentava ter a facilidade de comunicação que o cargo exigia. Para surpresa de todos, quando assumiu a gerência, Marcos passou a ser totalmente diferente nas reuniões. Com muita confiança, conhecimento e fala firme, congregava a todos, assumia responsabilidades e orientava a equipe com grande habilidade. A produtividade da empresa aumentou, pois os equipamentos passaram a quebrar menos e, com isso, ficavam mais tempo à disposição da produção.

Ao ser questionado como se transformou tão rapidamente em um gerente, Marcos revelou a todos que sempre quis ser um líder. Para isso, preparou-se muito, fez um MBA em gestão de pessoas e depois em negócios. E tinha um mentor. No entanto, não contou para ninguém que estava se habilitando para a liderança. Quando a oportunidade surgiu, estava preparado. Foi-se a figura do engenheiro; ele se transformou completamente em um líder.

Portanto, as transformações devem ser na direção que leve o indivíduo a ser capaz de assumir responsabilidades por pessoas e operações, a fim de obter resultados de acordo com o desejado pela organização em curto, médio e longo prazos. É isso que a empresa espera de você ao promovê-lo à liderança.

AS EMPRESAS NÃO SABEM COMO TRANSFORMAR PESSOAS EM LÍDERES VERDADEIROS

Como transformar pessoas em líderes? Mesmo nas companhias preocupadas com a formação de seus líderes, essa não é uma pergunta que tem sido respondida de maneira consistente, isto é, poucas são as empresas que entendem a necessidade, põem em prática a preparação de seus funcionários para a liderança antes de eles a assumirem e cuidam de seu aprimoramento constante após serem promovidos.

É difícil imaginar que alguém pode ser transformado em líder somente fazendo um treinamento de um ou dois dias, ou mesmo de uma semana.

Afinal, ser líder somente faz sentido se o que é aprendido pode ser aplicado na prática, testado, ajustado e, uma vez que apresente resultado, tornar-se um hábito. Isso demanda tempo, e cada pessoa tem uma velocidade própria de aprendizado.

As empresas até tentam, por meio de várias ações, capacitar os líderes que estão há menos tempo no papel de gestor. Entretanto, é difícil garantir que o conteúdo ensinado é a melhor prática no contexto em que a empresa vive. Mais ainda, persiste sempre a dúvida sobre como obter, de maneira rápida, um conteúdo estruturado e disponível para os novos líderes.

Essas questões são fundamentais para sedimentar o conhecimento dos gestores e torná-los preparados tão rápido quanto possível, especialmente para obter o equilíbrio dos resultados buscados e garanti-los também no longo prazo.

Para se ter uma ideia da dimensão do problema, no início de 2015, um estudo apresentado pela Etalent – empresa especializada na gestão de mudança pessoal e educação do comportamento – mostrou que 85% dos novos gerentes nas empresas no Brasil nunca receberam um treinamento formal para o cargo. Um forte indicativo de que você precisará empenhar-se por si só no aprendizado da liderança, e não esperar que a empresa o treine antecipadamente para isso.

AS ORGANIZAÇÕES NÃO CONSEGUEM TER LÍDERES APTOS A LIDAR COM AS TRANSFORMAÇÕES A QUE ESTÃO SUBMETIDAS CONSTANTEMENTE

É importante que você saiba que a realidade na qual a empresa está inserida se transforma a todo instante e demanda alta capacidade de adaptação de seus líderes. Isso somente é possível se eles se atualizarem constantemente.

Sem essa atualização, os líderes ficarão atentos somente às metas de curto prazo e exigirão o mesmo de seus funcionários. Consequentemente, todos estarão preocupados apenas com as tarefas do dia a dia, ou com o que deve ser entregue na semana seguinte; poucos focalizarão os objetivos que devem ser alcançados após um ano ou mais.

Um exemplo disso aconteceu quando uma empresa nacional que assessorei resolveu investir no exterior. Por décadas a empresa valorizou o Brasil e sempre demonstrava orgulho de ser brasileira. Com isso, seus gerentes, muito dedicados, preocupavam-se somente com as questões brasileiras, sem perceber que competidores internacionais se preparavam para entrar no país.

Quando eles chegaram, ficou claro que a empresa tinha de ser agressiva e crescer rapidamente, e isso somente seria possível se ela se expandisse para o mercado externo. Contudo, seus líderes, que sempre se dedicaram somente às questões locais, não aprenderam um segundo idioma, especialmente o inglês. Com a nova decisão da empresa, eles, em vez de serem promovidos para posições internacionais, permaneceram no mesmo lugar e outros gestores foram contratados para assumir esses cargos. Foi uma frustração tremenda, com todas as consequências que esse tipo de sentimento pode acarretar.

Portanto, sempre que alguém decide ser líder, deve saber que seu aprimoramento se dará muito a partir de sua observação a respeito do que ocorre no mundo e como isso impactará seu mercado, sua empresa e, consequentemente, sua carreira ao longo dos anos. E deve também aprender o que for necessário para fazer frente a esse desafio.

Alguns líderes fazem o contrário: com o tempo mental dedicado 100% às tarefas de curto prazo, eles param de olhar para o que há de novo em seu setor de atuação. Tampouco refletem sobre as ameaças da concorrência, das mudanças da legislação e das novas tecnologias – esses são exemplos de modificações que podem ocorrer no cenário no qual a empresa se encontra. Se não forem avaliadas apropriadamente, elas podem comprometer decisivamente o futuro da empresa.

Nesse exato instante, o uso cada vez maior de tecnologia, como aplicativos para *smartphones*, altera e ameaça segmentos de mercados como: agências de propaganda e marketing, cooperativas de táxi, hotéis, jornais, revistas e TV.

Os líderes devem estar atentos a essas transformações e encontrar as melhores ações para administrá-las. Isso passa por acompanhar as notícias, observar o comportamento das pessoas, especialmente as mais novas, estudar e refletir. E essa deve ser sua postura também, independentemente de sua área de atuação, se você deseja ter um futuro promissor na empresa em que trabalha.

É isso que as empresas esperarão de você como líder.

SEM RESULTADOS DURADOUROS, A EMPRESA E A CARREIRA DAS PESSOAS NÃO TÊM FUTURO

Atingir metas rapidamente é algo que mesmo um líder sem muito preparo consegue fazer. Um corte de custos acentuado, demissões em larga escala, forte pressão sobre o pessoal de vendas, enfim, há muitos modos simples de fazê-lo.

Entretanto, somente líderes com capacidade estratégica asseguram o futuro da organização, pois não a condenam por conta da solução rápida de problemas do presente. Essa capacidade está sendo exigida ao máximo, visto que os riscos impostos por transformações cada vez mais acentuadas no ambiente empresarial forçam os executivos a pensar em planos para cinco anos, por exemplo, e a estar preparados para alterá-los a qualquer momento.

Uma pesquisa em 2014, apresentada pela Strategy&, antiga Booz Allen Hamilton, mostrou que, nas 2.500 maiores empresas globais com ações em bolsa de valores, as trocas não planejadas do principal executivo, o CEO (*chief executive officer*), custam em média US$ 1,8 bilhão a mais do que as planejadas. Felizmente, a mesma pesquisa demonstra que as empresas estão na direção correta, uma vez que 82% delas previam uma sucessão planejada de seu CEO. Nesse cenário, em que até mesmo a saída do principal líder está prevista e planejada, as decisões que ocorrem sem uma visão das consequências futuras são desastrosas. Um exemplo disso acontece quando a companhia só pensa em diminuir custos e, para isso, coloca profissionais imaturos em cargos relevantes. Já vi uma situação em que um gerente de manutenção inexperiente, ao ser pressionado para obter despesas cada vez menores, deixou de fazer a manutenção preventiva de equipamentos. No curto prazo, a contenção do gasto fez os resultados aumentarem. Contudo, no ano seguinte, esses equipamentos começaram a quebrar e a deixar a empresa sem operar por um longo período de tempo, o que gerou prejuízos.

A falta desse equilíbrio nas decisões faz que, a cada novo ciclo, ocorra uma cobrança ainda maior para lucros de curto prazo, gerando mais estresse para todos e menos tempo para o aperfeiçoamento da liderança, principalmente em questões estratégicas. Questões essas que tirariam a empresa dessa corrida insana por resultados rápidos e a colocariam em um plano de voo mais abrangente, seguro e com maiores chances de sucesso no longo prazo.

Preparar os líderes significa, portanto, torná-los mais capacitados a lidar com a realidade, a desenvolver grande competência para a construção de planos consistentes, cientes desse equilíbrio entre as metas de hoje e do futuro e com capacidade de adaptação às transformações que a empresa enfrenta constantemente.

Em resumo, a liderança precisa fazer os resultados de curto prazo acontecerem, porém de modo tal que a empresa tenha cada vez mais alternativas para seu crescimento no longo prazo. Para isso, o líder deve ser capaz de identificar o momento que a companhia atravessa e agir de acordo com ele, sem perder a visão de futuro.

Na verdade, sem pensar no amanhã, tanto a empresa quanto a carreira das pessoas estão condenadas a morrer. Essas são razões mais que suficientes para todos os gerentes dedicarem o melhor de seus esforços para se capacitarem a refletir nas consequências futuras de cada uma de suas ações.

FALANDO SOBRE QUEM DESEJA SE PREPARAR PARA SER LÍDER

O PROFISSIONAL NÃO SABE O QUE APRENDER PARA SER ESCOLHIDO COMO LÍDER PELA EMPRESA

Todo profissional inicia sua carreira em um campo operacional. Um engenheiro, um contador, um programador de computadores ou um profissional de recursos humanos começará desenvolvendo projetos em sua área de atuação.

Alguns imaginam que poderão permanecer técnicos indefinidamente em suas carreiras, mas a realidade do mercado não é essa. Isso porque um técnico de 40 anos, por exemplo, que faz algo que um técnico de 30 anos pode fazer, provavelmente será mais caro para a empresa. E aos 40 anos, as necessidades financeiras de uma pessoa são maiores que aos 30, em razão do padrão de vida, do tamanho da família e também dos custos crescentes com a saúde.

Algumas linhas de pensamento empresarial pregam a carreira em Y, isto é, a organização deve possibilitar ao indivíduo escolher entre manter-se na carreira técnica ou passar para a carreira de liderança. Seu salário progrediria de maneira parecida ao de alguém em cargo de liderança. Ao optar pela carreira técnica, o profissional deverá amarrar-se à empresa em que está, pois a maioria do mercado não funciona desse modo.

Conheci um engenheiro sênior que, aos 55 anos, ficou desempregado. Ele trabalhou em uma empresa que fornecia infraestrutura para o governo e permitia que ficasse indefinidamente no cargo técnico. Entretanto, a empresa foi adquirida por um grupo multinacional, e ele foi avaliado como alguém caro demais para o cargo que exerce. Aos 55 anos, desempregado e somente com a experiência técnica, a luta para conseguir uma recolocação é muito difícil.

Se você escolher ser técnico para a vida toda, dê preferência para mercados de trabalho nos quais a experiência conta tanto quanto o conhecimento. Por exemplo, na indústria metalúrgica, no setor de ferramentaria, quanto mais experiente o profissional, melhor. Na área de informática, conheço programadores Cobol (linguagem de programação de muitas décadas) com 70 anos e que não pretendem se aposentar. Portanto, escolha bem se não deseja seguir para a carreira de liderança.

Entretanto, na maioria dos casos, chega o momento em que o indivíduo percebe claramente que, para continuar a progredir, deverá responsabilizar-se por pessoas e operações, ou seja, tornar-se um líder. Para que isso ocorra, ele deverá ser escolhido pelos níveis hierárquicos mais elevados da companhia. E aí reside uma grande questão: o que ele deve aprender para ser escolhido como líder?

Aprender a programar computadores, por exemplo, requer o conhecimento da linguagem aceita pelas máquinas para que façam o que é preciso. Mas qual é a linguagem que o profissional deve aprender para ser visto como líder? Como ele vai ser gerente se na empresa ninguém mais sabe fazer o que ele faz? Ele, portanto, não pode sair de sua posição atual?

Na verdade, além de preparar as condições em seu ambiente de trabalho para que ele mesmo possa deixar a atividade operacional – preparando seu substituto, por exemplo –, o profissional deve aprender competências específicas da liderança pois, se não o fizer, jamais será colocado em uma posição para liderar a equipe. Ou se nela for colocado, não a exercerá com adequação.

Por último, o profissional deve ter um profundo autoconhecimento, isto é, conhecer-se em termos de comportamento, emoções e formas de pensar. E também perceber quando a combinação desses elementos contribui para que seja visto como um líder ou quando são obstáculos para que isso aconteça e, é claro, corrigir adequadamente seu rumo.

O INDIVÍDUO NÃO SABE COMO INFLUENCIAR OS NÍVEIS SUPERIORES PARA SER ESCOLHIDO COMO O PRÓXIMO LÍDER

Al Ries e Jack Trout, especialistas em marketing, falam muito, em seus livros de sucesso profissional, da importância de o funcionário se preocupar em se comunicar com aqueles que estão dois ou três níveis acima dele.

O grande problema para o profissional que almeja a liderança é que ele não consegue colocar a si mesmo no cargo acima. Ele necessita que alguém o coloque lá. E um erro comum é o profissional buscar impressionar seu chefe imediato, na esperança de ser promovido. Ele esquece que quem promove pessoas a gerentes, por exemplo, são os diretores, e não outros gerentes.

É evidente que seu chefe é um importante influenciador, mas a decisão final de quem será o próximo gerente, com certeza, não será dele. Portanto, se você deseja ser promovido, precisa pensar em como é percebido por aqueles que estão dois ou três níveis acima de você.

Por essa razão, você não pode se preocupar somente com sua postura na frente de seu chefe, mas deve saber se entrega aos demais departamentos o que eles precisam de você.

Contudo, se já é difícil influenciar aquele que vê de perto seu trabalho, imagine chegar àqueles que estão mais distantes. Por não saber que essa é a regra do jogo nem saber como jogá-lo, muitos profissionais acabam por não aparecer de maneira apropriada para esses diretores e veem sua carreira estagnar.

Por exemplo, infelizmente, muitas pessoas ignoram a confecção apropriada dos relatórios a respeito de seu trabalho. Lembre-se de que você é visto por meio de sistemas e relatórios que formam sua imagem para aqueles que não o conhecem pessoalmente. Departamentos como controladoria dependem desses relatos e, por meio deles, têm uma visão a seu respeito.

Lembro-me de um caso em que um profissional brilhante foi demitido porque não preenchia completamente e no tempo apropriado as planilhas que informavam quanto se dedicava a cada projeto. Ele trabalhava em uma empresa de implementação de ERP (*Enterprise Resource Planning*), sistema que integra todos os dados de uma organização. Como as planilhas não estavam preenchidas, ele era visto pela diretoria e pelo departamento financeiro como alguém que trabalhava pouco.

Infelizmente, a empresa perdeu um cliente importante e teve de escolher quem demitiria. Por mais que seu gerente tentasse defendê-lo perante o diretor, o fato é que os relatórios informavam que ele trabalhava menos que seus pares. E, assim, ele foi demitido.

Essa é uma questão fundamental para quem deseja ser líder: como você é visto por aqueles que estão dois ou três níveis acima. Se não for resolvida adequadamente, a pessoa jamais chegará lá.

FALANDO SOBRE QUANDO VOCÊ ATINGIR A LIDERANÇA

VIREI GERENTE, MAS NÃO SEI COMO SEREI PROMOVIDO A DIRETOR

Um grande problema que você deve pensar desde já é o que fará quando for promovido a gerente. Sua carreira não termina aí, você precisará se preparar para o próximo nível.

Conheço executivos que foram ultrapassados por antigos subordinados nessa escalada e se sentiram frustrados, injustiçados e, acima de tudo, confusos: não sabem por que não foram escolhidos.

É importante compreender que, para cada nível de liderança, é preciso desenvolver competências específicas. Existem alguns aspectos fundamentais que precisam ser esclarecidos para quem deseja se preparar para liderar nos níveis mais elevados.

Se alguém se prepara para ser gerente e decide parar de se aprimorar, ficará nessa posição indefinidamente. Isso porque, como nos lembra Ram Charan, em seu livro *Pipeline de liderança*, 2ª edição de 2013, as competências necessárias para ser diretor, por exemplo, são diferentes daquelas do gerente. Além disso, as sutilezas do cargo, a visão estratégica e as questões políticas envolvidas requerem o manejo de conceitos e visões mais complexos que nem sempre são claros, mesmo para o gerente mais competente. Portanto, ao ingressar no caminho da liderança, seu aprendizado sobre o tema deve ser permanente, ou sua carreira estagnará.

PRECISO APRENDER A LIDERAR PESSOAS DE DIVERSAS GERAÇÕES

Outro problema comum que será enfrentado por aquele que for promovido à gerência é ter de lidar com pessoas de gerações diferentes de maneira harmônica e produtiva, de modo que todos se sintam estimulados a continuar a fazer seu melhor e a crescer profissionalmente.

Esse é um desafio que será vivenciado de maneira muito diferente, dependendo da idade em que você for líder pela primeira vez. Isso acontece porque cada geração possui características próprias, diferentes entre si e, por vezes, conflitantes.

Não tenho a intenção de descrever em pormenores as dificuldades próprias para cada geração, mas sugiro que você leia tudo que puder a respeito e, acima de tudo, converse com pessoas de todas as idades para compreender suas características. Um líder deve ter sempre um grande interesse por pessoas, pois o resultado de seu trabalho será expresso por meio do que fazem sob sua responsabilidade.

É evidente que, conforme o tempo passa, novas gerações ingressam no mercado de trabalho. Entretanto, na atualidade, você terá de lidar com indivíduos de três gerações que predominam: *Baby Boomers*, Geração X e Geração Y.

Baby Boomers: nascidos entre 1946 e os primeiros anos da década de 1960, durante a explosão populacional (*baby boom,* em inglês) ocorrida após a Segunda Guerra Mundial. Algumas de suas características que afetam diretamente quem a lidera:

- Experiências passadas são utilizadas como forte referência para ações;
- Não se influenciam facilmente por outras pessoas;
- Firmes e maduros nas decisões;
- Conservadores;
- Não são otimistas.

Geração X: Nascidos a partir de 1960 até os primeiros anos da década de 1980:

- Individualidade, sem a perda de convivência em grupo;
- Ruptura com as gerações anteriores;
- Maior valor ao indivíduo do sexo oposto;
- Busca por seus direitos;
- Procura liberdade;
- Foi a primeira geração a ter computadores em casa.

Geração Y ou *Millenials*: Nascidos ao redor de 1982 até aproximadamente 2000. São os filhos da Geração X e possuem as seguintes características relevantes para o mundo empresarial:

- Alta expectativa sobre o ambiente de trabalho;
- Esperam reconhecimento em curto espaço de tempo;
- Otimistas;
- Engajados;
- *Team players*;
- Idealistas pragmáticos;
- Usam intensamente novas tecnologias com naturalidade e maior frequência que gerações anteriores.

Essas características podem gerar conflitos entre pessoas de uma mesma área de gerações diferentes.

Um *Baby Boomer* poderá considerar alguém da Geração Y excessivamente otimista em suas condutas. Inversamente, uma pessoa da Geração Y achará um *Baby Boomer* muito lento.

Já o indivíduo da Geração X considerará que um da Geração Y é muito dependente, frustra-se com facilidade e faz coisas demais sem foco. E achará um *Baby Boomer* desatualizado e inflexível.

É claro que esses são exemplos de generalizações que ocorrem na maneira como indivíduos veem uns aos outros. Caberá ao líder observar essas situações, refletir e agir para que não sejam obstáculos intransponíveis para o departamento, ou a empresa, atingir seus objetivos.

Além disso, o líder deverá também preparar a si e a companhia para absorver novas gerações de maneira consistente. Para essas tarefas, terá de exercitar habilidades das quais vamos falar mais à frente.

POR QUE SEU CHEFE E A EMPRESA ESTÃO INTERESSADOS QUE VOCÊ SE TRANSFORME EM LÍDER?

Seu gerente precisa administrar cada vez mais pessoas e estruturas, mas não tem mais tempo disponível. Você pode ser o próximo líder a assumir.

O crescimento das operações é a consequência natural do sucesso da empresa. Entretanto, por vezes, a quantidade de pessoas e de estruturas para gerir se torna tão grande que o líder, que pode ser seu chefe nesse momento, não tem mais tempo para dar conta de tudo. Reuniões sobrepostas, assuntos diferentes e complexos para tratar, além de inúmeros subordinados solicitando reuniões e, acima de tudo, a atenção dele.

Imagine como seu gerente se sente nessa situação e, provavelmente, será como você se sentirá ao vivenciá-la. Não olhe para seu líder como se fosse alguém perfeito, mas como um ser humano. Provavelmente ele está cansado, sente-se incapaz, frustrado ou até mesmo inseguro, por achar talvez que o seu cargo cresceu mais do que o conjunto de suas competências.

Pensamentos estressantes surgem nesse contexto, como: "Será que algum dia descobrirão a verdade de que eu não sou tudo isso que imaginam e não sou capaz de dar conta de tudo?". Se ele está nessa situação, pode sentir que a promoção dele está em jogo, pois, se não consegue dar conta de tudo como gerente, provavelmente não poderá fazê-lo também como diretor.

Uma questão fundamental para a liderança é compreender que, apesar de as fases de contração econômica serem inevitáveis, a empresa sempre tem, entre seus propósitos, o crescimento. Quando uma companhia não cresce, acaba por criar espaço para os concorrentes, ou torna-se uma organização que apenas sobrevive e, portanto, dificilmente necessitará de novos líderes, mas também não satisfará os anseios dos empresários.

Para você se tornar um líder, ou consolidar sua posição como um líder que merece continuar sendo promovido, além de saber colocar-se no lugar da empresa, você precisa começar a pensar do mesmo modo que seu gerente e também como o líder que está dois ou três níveis acima de você. Observe que não são apenas seus interesses que contam para ser promovido, mas o de muitas outras pessoas que são afetadas por sua promoção e, em um contexto mais amplo, o interesse da própria empresa.

É evidente que novos gestores podem vir de fora. Entretanto, ao se contratar um gerente externo, há sempre a necessidade de adaptação dele à cultura da companhia. Além disso, pode haver uma queda na motivação daqueles que imaginavam que seriam promovidos.

Dessa forma, sempre que a empresa tiver, em seus quadros, funcionários em condições de assumir uma liderança, todos ganharão com isso.

Como resolver essa questão? Como se preparar para ir além das dificuldades, a fim de continuar sendo uma boa opção de promoção dentro da empresa? Esse pensamento é comum entre gestores.

A resposta passa pela ação do gestor em aprimorar um conjunto de capacidades, como a delegação. Entretanto, poucas pessoas pensam a respeito disso: para que alguém possa delegar, precisará de tempo na agenda para fazer essa tarefa. Portanto, primeiro o gestor terá de elevar outra competência, de igual importância: como gerir os compromissos por meio de uma agenda realista e funcional.

Por essa razão, vou mostrar a você, ao falar sobre competências de liderança, uma maneira de fazê-lo para que possa dar conta daquilo que está sob sua responsabilidade. Não apenas em seu cargo atual, mas também ao ser promovido à liderança.

MEU GERENTE ESTÁ PREOCUPADO QUE, SE EU APRENDER A LIDERAR, EU PEGUE O CARGO DELE

No passado, um funcionário era reconhecido por seu conhecimento. Por essa razão, as pessoas aprendiam algo, criavam um território dentro da empresa e o defendiam a todo custo. Nos meios técnicos, costumava-se dizer que os profissionais mais experientes "sabiam o caminho das pedras", numa alusão ao fato de que não contavam a outros profissionais os segredos que tinham aprendido com muito custo e ao longo de sua carreira.

Ainda hoje, podemos encontrar pessoas que defendem seus feudos dentro da organização. Elas fazem de tudo para não permitir que outros assumam suas responsabilidades.

Infelizmente, essa é uma visão anacrônica da própria capacidade e de sua principal função como líder. Um profissional deve ser capaz de se tornar um líder e se aprimorar continuamente para assumir cada vez mais responsabilidades. E isso somente será possível se ele tiver alguém que o substitua na função atual.

Por isso, uma das principais atribuições do líder é formar novos líderes. Se você está em uma empresa e não cresce, precisa avaliar o que o está impedindo de buscar novos desafios. Pode ser que seu chefe simplesmente não esteja formando seus eventuais substitutos. Ou, quem sabe, seja você que não está formando seus substitutos.

Não é mais somente o conhecimento estático que conta, mas também a capacidade de aprender, operacionalizar o conhecimento, gerar resultados e transmiti-los para os demais. Desse modo, você será capaz de garantir a continuidade das operações de sua equipe, mesmo que se ausente para voos mais altos.

NÃO SEI QUAL É O MÉTODO QUE DEVO USAR PARA ME PREPARAR PARA SER LÍDER NA CULTURA EMPRESARIAL BRASILEIRA

Outro problema importante que você enfrentará, para se preparar para ser um novo gerente, é saber qual é o melhor método para se formar líder na cultura brasileira.

Muito da literatura sobre a formação de líderes é oriundo de outros países e, apesar de serem consideradas as melhores práticas, não são, necessariamente, testadas no Brasil. Aquilo que é adequado na cultura norte-americana, por exemplo, pode ser um desastre, se aplicado sem as devidas adequações ao contexto brasileiro.

Por essa razão, os critérios de escolha do conteúdo deste livro baseiam-se nas melhores práticas de liderança, reconhecidas internacionalmente, mas testadas por mais de dez anos na formação de executivos, empreendedores e gerentes brasileiros.

CAPÍTULO 3
O PESO E OS PERIGOS DA LIDERANÇA

Nem sempre as pessoas têm claro o que é preciso para ser líder nas empresas. Embora engenheiros, analistas de sistemas, psicólogos, advogados, contadores e outros profissionais tenham se transformado em gestores ao longo de suas vidas, esse caminho foi traçado sem a visão das dificuldades enfrentadas por quem é gerente. Por conta disso, foi uma experiência dolorosa em alguns casos, mais longa e estressante que o necessário em outros. E, de todo modo, seria muito mais simples e fácil se o profissional soubesse das dificuldades que rondam aqueles que lideram.

O conhecimento para liderar envolve domínio emocional, capacidade para aguentar pressões, habilidade para lidar com questões políticas e eficácia na obtenção de resultados por meio de outras pessoas. Habilidades nem sempre simples de angariar no decorrer de uma carreira técnica operacional.

Conheci o coordenador de uma empresa de energia que não conseguia compreender por que não era promovido a gerente. Na verdade, como supervisor, ele ainda focava muito os números de tudo o que fazia, mas se esquecia de trabalhar o time como um todo.

Quando lhe diziam que deveria se desenvolver na gestão de pessoas e que sua equipe estava desmotivada, ele mostrava os dados da pesquisa de clima organizacional em seu departamento – mas somente aqueles números que lhe eram favoráveis – e afirmava que os resultados estavam ótimos.

Enfim, ele simplesmente não compreendia que, além de observar os números, precisava também dialogar mais com as pessoas. Para ele, sempre foi um mistério o fato de nunca ter sido promovido a gerente. Acabou mudando de empresa, mas não de cargo.

Olhando pelo lado da organização, escolher um novo gerente é uma tarefa arriscada. Não é possível determinar com 100% de certeza se um funcionário técnico se tornará um bom gestor, ou mesmo se um bom gerente será um bom diretor. Portanto, para crescer, a companhia precisa formar novos líderes constantemente.

Esses são problemas ligados à liderança, que você provavelmente já vivencia, e se tornarão mais evidentes no seu dia a dia de trabalho quando for promovido à gerência. A busca de soluções deve ser, portanto, uma preocupação permanente tanto da empresa quanto sua, se quiser garantir o sucesso de sua carreira profissional.

Se você está vendo o tempo passar e não é promovido a cargos de liderança, esforça-se para trabalhar mais horas do que o previsto, entrega todos os trabalhos no prazo, ou mesmo antes, e não cresce na companhia, então algo está errado na maneira com que você está conduzindo sua carreira. Se você se mantém atualizado, já fez até MBA, mas a promoção não acontece, é hora de pensar melhor sobre como está se preparando para ser um líder.

As explicações que podem lhe dar para o fato de você não ser promovido podem ser as mais variadas: você ainda é novo demais, ainda precisa aprender mais alguma coisa, há outros profissionais que estão à sua frente, enfim. É preciso, porém, avaliar com cuidado qual é "sua parte da responsabilidade" por esse resultado.

Mais difícil ainda é quando todos lhe dizem que você é o melhor profissional da equipe. Em alguns casos, os indicadores da empresa confirmam que você é, de fato, o melhor de todos. Entretanto, o tempo passa e você não decola. Continua estagnado, enquanto outros voam mais alto. Mais do que se sentir angustiado, cresce em você o sentimento de que é injustiçado. Afinal, sempre pensou que os melhores seriam promovidos, e você é o melhor. No entanto, a promoção não acontece.

Para liderar, você deve ser capaz de compreender não apenas o que é explicado pelas palavras, mas também deduzir a partir do que não está escrito, pelo comportamento das pessoas, pelos relacionamentos e pelos interesses entre elas. E tudo isso pode parecer muito confuso para alguém que seja essencialmente técnico e objetivo.

Há muito conhecimento "não falado" sobre liderança que você precisa saber. As relações humanas exigem muito, tanto de cooperação quanto de competição. A existência de pessoas de má índole, de propósitos escondidos, de emoções e pensamentos negativos, como a inveja e a ganância, são exemplos de questões não mencionadas com frequência – ou abertamente – quando o assunto é liderança, mas que estão presentes e afetam sua carreira.

E não pense que elas diminuem ou desaparecem depois de você ser promovido.

Se parar de se desenvolver, verá que, com o tempo, sua promoção a gerente ficará distante, e os anos se passarão, seu custo de vida aumentará, aliás, a família aumentará, os cabelos brancos começarão a surgir, só que o sonho de ser diretor poderá se transformar em pesadelo, porque você estagnou no cargo de gerência e não consegue mais evoluir. Novamente estará na hora de reavaliar sua carreira e seu comportamento profissional.

Pense se isso não está acontecendo com seu atual gerente. Caso esteja, é um obstáculo difícil a ser superado para que sua promoção ocorra.

O problema, no entanto, também poderá surgir da concorrência vinda de alguém mais novo que você. Talvez todo o esforço feito ao longo dos anos não o tenha feito subir para um novo patamar. Cursos e mais cursos de liderança, especialização, pós-graduação, e nada. Então, você observa um antigo colega de trabalho, que entrou na empresa depois de você, tornar-se gerente. Com essa situação, você se sentirá ultrapassado e não saberá o que fazer para que sua carreira continue evoluindo. Então, o que estará errado?

Outra situação angustiante pela qual você pode passar é perceber que a empresa está mudando. Novas tecnologias estão sendo incorporadas no dia a dia, e você se sente desconfortável em adotá-las.

Um exemplo são os profissionais de agências de propaganda *off-line* (que historicamente trabalharam por décadas primordialmente com o pensamento voltado para a rádio, a TV, os jornais e as revistas) que simplesmente não conseguem fazer a passagem para o mundo *on-line* (internet, mídias programáticas, redes sociais e aplicativos para *smartphones*, por exemplo). Por mais que se esforcem, suas ideias que produziam sucesso no passado são consideradas anacrônicas no mundo atual, em que há uma relação orgânica e suplementar entre os meios *on-line* e *off-line*.

Outra questão importante é a chegada de novas gerações de funcionários na empresa, em geral formadas por profissionais muito diferentes do que você está acostumado. Elas são ágeis, pressionam por promoções rápidas e não toleram críticas.

A situação fica ainda mais complexa quando a empresa é comprada pelo concorrente. Nesse caso, a mudança de cultura é brusca, e o medo de ser demitido só não é maior do que a necessidade urgente de adaptação à nova situação.

Essas transformações são cada vez mais frequentes no mundo empresarial. O aprimoramento constante em competências que permitem lidar com o crescimento e, por vezes, o gigantismo das operações é o caminho para fazer frente a esses desafios.

Torna-se urgente responder às perguntas: como você fica nessa situação? Se você está passando por algo semelhante, o que pode fazer a respeito?

Novamente você terá de fazer uma leitura mais abrangente desses problemas, pensar como alguém que já é gerente ou dono da empresa.

Quando um profissional se preocupa excessivamente com sua promoção e se esquece de preparar alguém para sua posição atual, acaba por comprometer a própria carreira. Será que esse não é seu caso? Se for, pode ter certeza: ou sua carreira vai se desenvolver de forma muito lenta ou, no pior caso, vai estagnar de vez.

Sua falta de empenho na formação de seu sucessor, da pessoa que ficará em seu lugar quando você for promovido, cria muitos entraves ao crescimento da empresa e impacta seu crescimento de carreira. Afinal, se um engenheiro sênior for promovido a gerente e não tiver quem esteja preparado para assumir seu lugar, seu departamento sofrerá queda de desempenho. Se trouxer alguém de fora, desanimará aqueles que estão há mais tempo na empresa. São problemas que se refletem na motivação das pessoas e, em alguns casos, no próprio clima organizacional.

Em todos esses casos, vale lembrar que é terrível esperar anos por uma oportunidade e descobrir que não pode ser promovido porque não há ninguém que o substitua na posição atual.

Quando você percebe que essas dificuldades estão acontecendo em sua vida profissional, comprometendo seu crescimento em sua carreira, então é preciso parar, avaliar com cuidado o que você vem fazendo e redirecionar suas ações para o rumo certo, que o leve aonde você quer efetivamente chegar.

Portanto, o peso da liderança está na responsabilidade que você tem com sua carreira, mas também com a de outras pessoas, formando-as para substituí-lo quando necessário. Há também os interesses envolvidos de seus gestores e os perigos que ocorrem pelas mudanças constantes, as novas gerações ou uma possível fusão de sua empresa com outra. E tudo isso ocorre enquanto você tem de lidar simultaneamente com a dureza de ser cobrado a entregar resultados consistentes ao longo dos anos.

CAPÍTULO 4
O DESPREPARO PARA A LIDERANÇA

Poucos profissionais percebem que, para ser líder, há necessidade de preparo. Em geral, as pessoas pensam que o aprendizado só pode ser feito por meio de tentativa e erro, ou seja, que só se aprende a ser líder ocupando uma posição de liderança.

Com essa crença de que somente a prática forma o líder, candidatos a cargos de liderança não usam os melhores métodos para se preparar adequadamente e acabam por se transformar em líderes medíocres.

Pior que isso, eles não se conhecem, e essa falta de autoavaliação os faz superestimar suas reais capacidades como líderes. Sem o conhecimento de seus pontos fortes e fracos, não sabem o que fazer para se aprimorarem em questões relacionadas à liderança. E a falta desse desenvolvimento, ou se ele for deficiente, acarreta um líder despreparado para suas responsabilidades.

Portanto, as causas de termos líderes com capacitação muito abaixo do desejado estão em crenças errôneas a respeito da liderança e na ignorância sobre os melhores métodos para exercê-la.

ACREDITAR QUE SER LÍDER É SER O TÉCNICO DOS TÉCNICOS

A razão principal de um profissional de origem técnica ter dificuldades de se capacitar para a liderança é que ele interpreta que, para liderar outros técnicos, precisa ser melhor do que eles – tecnicamente falando. Por essa razão, em vez de se capacitar em temas relacionados à liderança de pessoas, o profissional acaba por aprofundar-se no conhecimento de sua área de atuação. Continua sendo um bom técnico, mas um líder sofrível.

Conheci um CTO (*chief technology officer*), o principal executivo de tecnologia, que estava sendo cobrado pelo presidente da empresa para entregar um projeto que estava atrasado. A empresa dependia disso para obter algumas certificações que eram fundamentais para se habilitar a uma concorrência pública. Para surpresa de todos, os profissionais que trabalhavam no projeto estavam se demitindo por causa da pressão que o CTO exercia sobre eles. Contudo, o mais espantoso é que ele se gabava de se sentar na cadeira do programador para fazer os prazos serem cumpridos.

O projeto foi concluído com um estresse tremendo, e o CTO foi demitido logo em seguida, por não saber liderar pessoas e conseguir resultados por meio delas. Isso é um exemplo de microgerenciamento, ou seja, foco em questões muito pequenas para a posição ocupada.

Um técnico, por maior que seja seu cargo, por vezes gosta de ser admirado por outros técnicos pela vastidão de seu conhecimento. Um líder, porém, deve apreciar quando o conhecimento dos outros for maior que o seu.

É preciso ter claro esse conceito de que "ser líder não é ser o técnico dos técnicos". É evidente que o conhecimento técnico até pode ajudar em alguns casos, pois um profissional nesse nível deposita confiança em seu próprio conhecimento. Sendo assim, ele interpreta que, ao gerenciar, se alguém de seu time falhar, poderá substituí-lo e entregar aquilo que for preciso. Liderar, contudo, não se resume apenas a isso. Vai muito além de solucionar problemas técnicos.

Ir de técnico a líder é uma passagem difícil, mas o profissional precisa parar de confiar apenas em seu conhecimento e sua competência para fazer o trabalho e passar a capacitar-se para selecionar, desenvolver e avaliar pessoas. Também deve compreender e gerenciar processos que vão além dos simples limites de produção dentro da empresa.

Se um líder seleciona sua equipe de maneira inapropriada, não terá como delegar suas antigas funções técnicas para as pessoas. Se também não for capaz de delegar, não desenvolverá as pessoas e, provavelmente, não avaliará bem seus subordinados. Isso cria um círculo vicioso: o líder despreparado escolhe mal, não desenvolve seus subordinados e avalia mal os desempenhos.

Por fim, nesse contexto, a tendência de um líder despreparado é que ele acabe aceitando a ideia clássica do "se quiser algo bem-feito, faça você mesmo". O típico pensamento de um excelente técnico, nunca de um líder.

Em empresas de pequeno e médio portes, é comum encontrarmos empreendedores que têm grande dificuldade de deixar outras pessoas fazerem o trabalho. Eles criam situações bizarras. Já vi um empresário, em uma dessas empresas, substituir o garrafão de água mineral do bebedouro da companhia simplesmente porque não queria pedir ajuda ao pessoal de serviços gerais. Ele imaginava que esses funcionários deveriam ser proativos e que fazer o trabalho deles era uma forma de mostrar que não dependia de ninguém para as coisas funcionarem na empresa. É claro que ele era alguém que vivia estressado.

Por exemplos como esse, é possível observar que, com o tempo, o líder que não se preparou para esse cargo se sente sozinho e sobrecarregado com as tarefas que deveriam ser feitas por seu time. Grande parte disso se deve à sua interpretação de que "ele mesmo é a única solução de todos os problemas sob sua responsabilidade".

NÃO COMPREENDER QUE É NECESSÁRIO APLICAR UM MÉTODO PARA LIDERAR

Ainda há um pensamento comum e muito forte nas pessoas que diz que o líder é nato. Por conta disso, não são oferecidas à maioria dos profissionais promovidos à liderança metodologias que os auxiliem a se capacitarem na difícil tarefa de liderar.

Além disso, o executivo – que é o administrador em cargos mais elevados e complexos, responsável por liderar a empresa de maneira lucrativa ao longo do tempo – adota como modelo os líderes mais antigos. Isso o faz copiar ideias e comportamentos anacrônicos, em vez de aplicar as melhores práticas de liderança, até porque, muitas vezes, ele não sabe onde procurá-las. Isso é negativo para a empresa, pois o executivo é a peça-chave para que ela tenha resultados duradouros.

A explicação mais comum que encontro nas empresas, quando lhes ofereço essas práticas, é: "Mas aqui as coisas são diferentes!".

Sim, é verdade! Cada empresa possui cultura, time de pessoas e contexto únicos. Entretanto, é exatamente por essa razão que o líder deve ser capaz de ter métodos para compreender a cultura da organização, lidar com as pessoas e as situações que se sucedem para gerar ações coesas e que direcionem seu time para o resultado desejado.

Por essa razão, deve se interessar em conhecer como a cultura da empresa permite ou inibe sua estratégia. Carolyn Taylor, consultora britânica, uma das maiores especialistas mundiais em cultura organizacional, com mais de 25 anos de experiência e autora de *Walking The Talk – building a culture for success* (construindo uma cultura para o sucesso), afirma, em seu livro, na p. 59, que: "Em todos os casos, a cultura desejada deve ser aquela que apoia a implementação da estratégia do negócio", ou seja, se as pessoas em uma empresa não se comportam de maneira favorável à estratégia, essa última fracassa. E os funcionários se inspiram no comportamento do líder para agir, ou seja, em seu comportamento!

Alguns mercados, como agências de propaganda, hospitais e escritórios de advocacia, sofrem muito com a ausência das melhores práticas de liderança. Há muito estresse, prazos estourados e pessoas desmotivadas, porque, em geral, seus administradores não conhecem essas práticas ou relutam em utilizá-las.

O fato é que a liderança é um tema exaustivamente estudado com o objetivo de descobrir as melhores formas de conduzir um grupo de pessoas a atingir um objetivo. E menosprezar todo esse conhecimento é, no mínimo, ilógico e insensato.

As empresas não utilizam métodos para organizar o desenvolvimento de seus líderes, e eles, por sua vez, não utilizam as melhores práticas de liderança, reconhecidas internacionalmente, em seu dia a dia. Além disso, em muitos casos, os profissionais até usam essas práticas, mas sem as devidas adaptações necessárias à cultura brasileira, com resultados desastrosos ou pífios.

Certa vez, um executivo americano foi alçado ao posto de CEO de uma companhia brasileira de energia. Ocorre que, nas organizações em que ele havia trabalhado nos Estados Unidos, os empregados possuíam ações das empresas. Por essa razão, era comum receber *feedbacks* de pessoas que estavam dois ou três níveis abaixo dele a respeito do que não estava indo bem e do que ele precisava fazer.

Entretanto, no Brasil, isso é raríssimo. Ele, no entanto, esperava o mesmo das pessoas. O tempo foi passando, e ele achava que tudo estava ótimo, até que um acidente quase aconteceu por um erro na diretoria de operações. Foi quando ele percebeu que deveria ler nas entrelinhas o que as pessoas queriam lhe dizer, pois quando perguntava se tudo estava bem, a resposta positiva não significava "sim".

Lembro-me de que, com o tempo, o executivo americano sabia que se alguém lhe dissesse: "Sim, está tudo bem, mas é importante que todas as compras sejam feitas respeitando as especificações técnicas", ele tinha de correr à área administrativa, pois alguém estava fazendo algo muito errado e esse era o jeito brasileiro de alertá-lo de que ele precisava agir. Por outro lado, nos Estados Unidos, provavelmente a resposta seria "acho que você deveria dar mais atenção à área administrativa, pois estão comprando produtos fora da especificação".

Não é apenas a cultura brasileira que é única e deve ser respeitada por aqueles que desejam liderar. Cada organização tem sua própria cultura e, por vezes, naquelas que possuem instalações em várias cidades, será fácil observar que, em cada um desses lugares, a cultura pode ser diferente.

Portanto, os métodos que apresentarei são úteis para que essas diferenças não sejam apenas descobertas, mas também respeitadas ou modificadas, sempre que a situação exigir.

OS LÍDERES NÃO SABEM QUAL A CONEXÃO DE SUAS AÇÕES COM OS RESULTADOS DA EMPRESA

Um grave problema nas organizações é que os líderes não percebem a conexão de seus atos com o resultado da empresa. Dessa forma, entendem, por exemplo, que somente o departamento de vendas é responsável pelas receitas e que cabe ao departamento financeiro fiscalizar e limitar os custos para que a empresa atinja os resultados, ou seja, o líder despreparado tende a pensar que deve cuidar somente de seu departamento ou sua equipe de forma isolada e descomprometida com o restante da empresa. Pensa que, uma vez que ele esteja fazendo sua parte, os outros que cuidem da deles.

No departamento de logística de um grande grupo de alimentos, encontrei um gerente com essa característica. Ele implementou dezenas de ações para que o setor se aprimorasse. No entanto, mesmo aos 30 anos, era muito imaturo para a gerência. Ele achava que, por ter atingido um grande resultado, merecia ser promovido. Entretanto, a empresa estava em crise financeira e, portanto, as promoções estavam suspensas. Por mais que seu diretor lhe explicasse a situação, ele não aceitou não ter sido promovido.

Insistiu que seu diretor deveria, então, auxiliá-lo a conseguir uma promoção em outra unidade da companhia, o que se revelou impossível. Acabou por ser demitido após alguns meses. Era inacreditável sua incapacidade de perceber que sua carreira, suas ações e seus resultados departamentais estavam em um contexto maior e que seu sucesso não significava automaticamente o sucesso da empresa. Ele não era capaz de enxergar o todo.

Esse tipo de líder não percebe que a companhia é um sistema humano, integrado e complexo. O que se busca é o sucesso da empresa, e não de seus departamentos isoladamente.

Também é preocupante quando os gestores não atentam que são modelos para as pessoas na empresa. E que cada ação deles é observada por seus subordinados e copiada, o que tende a complicar ainda mais no caso de haver uma inadequação na liderança. Sendo assim, se o líder toma decisões e age de um modo que acarreta aumento de custo, é muito provável que seus subordinados farão o mesmo.

Conheci o diretor local de uma empresa multinacional de autopeças que todo ano fazia um evento com o time de gerentes. Nesse evento, ele distribuía brindes, como relógios e vinhos, em uma demonstração de que tudo ia bem. Entretanto, no restante do mundo, a companhia estava em dificuldades, e esses gastos eram vistos como uma falta de contribuição da filial brasileira.

De fato, o custo da operação local era considerado muito alto. Infelizmente, esse comportamento do diretor era copiado em pequenas ações do dia a dia: os gerentes não se importavam de ficar em hotéis mais caros em suas viagens a trabalho, e os supervisores também eram displicentes no controle dos custos.

Até que esse descontrole começou a afetar o preço das peças vendidas no Brasil. Os clientes, então, começaram a reduzir suas compras, e a empresa entrou no vermelho.

Com o tempo, a companhia sofreu uma intervenção da matriz. O diretor foi substituído por outro mais austero e mais alinhado com as necessidades globais da empresa de reduzir custos. Alguns anos depois, ela estava financeiramente saudável de novo.

O comportamento do líder é um dos principais fatores que afetam a cultura da empresa. Suas ações se propagarão pelos funcionários até atingir os fornecedores, a comunidade e, principalmente, os clientes.

Se esses atos forem contrários aos interesses dos clientes da empresa, especialmente dos clientes mais lucrativos, causarão grandes danos à companhia.

Esse somatório de danos desengaja os funcionários, desmotiva-os e afeta os resultados de longo prazo de forma negativa e decisiva.

Quanto mais o líder compreender que deve policiar cada um de seus atos, mais afetará positivamente o resultado da companhia, pois seu comportamento não é apenas copiado, mas influencia as ações dos empregados, as quais se propagam até os clientes. E são eles que decidirão, com base na experiência que vivenciam com a empresa, especialmente na presença de seus funcionários, se continuarão ou não a comprar seus produtos e serviços. Um fato determinante para o sucesso ou o fracasso da empresa.

O PROFISSIONAL ACREDITA QUE MUDAR DE CARGO É SUFICIENTE PARA SER TRANSFORMADO EM LÍDER

Talvez um dos maiores problemas daqueles que desejam liderar seja pensar que a mudança de cargo é suficiente para ser um líder. Desse modo, iludem-se com o fato de que seu novo crachá automaticamente gerará o respeito das demais pessoas, especialmente dos subordinados.

Entretanto, você não pode simplesmente ser promovido a líder, pois a liderança é uma conquista.

Lembro-me de uma história com um fabricante de computadores, na qual o principal técnico de qualidade foi promovido a gerente da área. Contudo, o resultado foi danoso. Excessivamente exigente com os processos, ele parava a fábrica a todo momento. Qualquer detalhe insignificante era motivo para dar broncas em seus subordinados, exigindo uma perfeição impossível de ser atingida. Com o tempo, seus colaboradores, que tinham o apoio de outras áreas, se estressaram e passaram a desrespeitar suas ordens. Afinal, os computadores estavam sendo produzidos conforme os padrões de qualidade definidos, e era somente o novo gestor que queria impor sua perfeição doentia.

Com o tempo, ficou claro que ele não dominava mais as pessoas do setor. Ele também não soube fazer alianças com os demais departamentos, e até mesmo os diretores chegaram à conclusão de que ele não era a melhor opção. Acabou sendo substituído.

Na verdade, mudar de cargo é apenas uma etapa burocrática da liderança. Se o indivíduo não tiver a imagem, a fala e o comportamento de um líder, ele jamais será considerado um.

Entretanto, como devem ser esses elementos para que o indivíduo seja percebido e respeitado como um líder? Um grande motivo de fracasso na liderança é que muitos profissionais não compreendem que esse é um cargo em que é necessário cuidar do relacionamento com as pessoas e, portanto, o líder deve ter o domínio das emoções, a capacidade de ler nas entrelinhas e ser político e estratégico.

Um ponto bastante crítico para o novo líder é o fato de que ele custa a perceber que, quando é promovido a um cargo de liderança, deixa de ser um simples funcionário e passa a ser um embaixador da empresa, o que muda completamente seu foco na companhia. Para ser um líder, não basta apenas orientar e ensinar seus subordinados; é preciso ser capaz de praticar suas orientações e seus ensinamentos.

Além disso, o líder tem de aprender a lidar com os paradoxos inerentes a toda cultura organizacional, isto é, com ações que produzem resultados contrários ao propósito da empresa por causa de erros, como excesso de controle e falta de clareza nos planos estratégicos.

Sem levar em conta essa complexidade, a simples mudança de cargo não gerará as condições necessárias para que o indivíduo se torne, de fato, um líder.

CAPÍTULO 5
AS BASES PARA A LIDERANÇA

Como você pode saber se o que está fazendo como líder é o que existe de mais adequado para sua empresa e o mais recomendado em termos de liderança para a situação que você está vivendo hoje?

É claro que a base da verdadeira liderança está em utilizar as melhores práticas reconhecidas internacionalmente, mas aplicáveis à cultura organizacional brasileira, caso contrário, muito de seu potencial se perderá.

As ideias que vamos apresentar a seguir podem ser usadas como referenciais, que tomam o valor prático como critério para análise e solução das principais questões de liderança já testadas no Brasil. Elas são baseadas no que os principais centros mundiais de liderança fomentam, já ajustadas para nossa realidade.

A princípio, um olhar atento sobre os grandes líderes da história revela que suas ideias tiveram raízes, encontraram força e floresceram graças, em grande parte, à observação dos líderes que eles mesmos admiravam, estudavam e, principalmente, consideravam sua fonte de inspiração.

Um exemplo: Martin Luther King Jr. lutou pelos direitos civis dos afrodescendentes americanos, na década de 1960, usando a não violência, porque esta era a principal arma do líder que ele admirava: Gandhi.

Na empresa, ocorre o mesmo. O desenvolvimento de um bom líder depende de sua capacidade de encontrar referências em líderes dentro e fora da companhia, ou seja, pessoas cujas ideias, crenças, propósitos, caráter e valores sejam inspiradores e muito apropriados para serem aplicados na organização.

Conheço uma empresa de produtos veterinários no interior de São Paulo cujo fundador já faleceu, mas sua personalidade era tão forte que suas ideias inspiradoras estão escritas nas paredes, e os diretores da companhia até hoje fazem referência a elas ao tomarem decisões.

Todo líder que tiver um modelo de sucesso e integridade para seguir amadurecerá mais rápido e terá maior consciência sobre a sua responsabilidade por pessoas e resultados.

Outro aspecto essencial a ser considerado é que o líder precisa compreender o contexto no qual ele exerce sua liderança. Como você lideraria se pudesse enxergar como um todo o cenário no qual sua liderança é exercida? Provavelmente conduziria sua equipe com muito mais segurança.

Existem, porém, elementos invisíveis nesse cenário; portanto, compreendê-lo de maneira mais ampla demanda grande capacidade de comunicação e reflexão.

É preciso jogar luz no contexto em que você lidera, para que você possa enxergá-lo e tomar as decisões respeitando-o.

Isso fará que consiga o que deseja das pessoas, construindo uma sinergia em menor tempo e utilizando menos esforço.

Soluções de liderança exigem também, é claro, que você conheça a essência do que é liderar.

Quem lidera faz o quê? Você já parou para se perguntar sobre isso?

Um grande desafio é definir a liderança de uma maneira simples e capaz de servir como instrução clara para que o líder, principalmente em momentos de crise, saiba o que fazer para continuar liderando.

É também com essa clareza que precisamos nos ocupar, se esperamos que a liderança seja exercida de maneira adequada na empresa.

Conhecer e praticar as competências básicas de um líder é outro quesito para tornar a liderança mais adequada às necessidades da empresa e trazer cada vez mais e melhores resultados.

A grande vantagem de conhecer as competências básicas da liderança e o método para aplicá-las é que o líder terá maior segurança em suas ações e mais chances de ser bem-sucedido.

Mas quais seriam essas competências essenciais? Vamos listá-las, na forma de exemplos:

- Os casos de Obama e de Silvio Santos são claros quanto à importância da comunicação como competência básica do líder. Eles falam a língua de seus liderados para conquistar o resultado que desejam. É impossível negar que possuem grande conexão com as pessoas, *em razão de sua alta habilidade de* comunicação.
- Bill Gates, ao comentar o fato de Warren Buffet ter doado 85% de sua fortuna para a Fundação Bill & Melissa Gates, disse que Warren era o líder com maior capacidade de delegação que já havia conhecido. Não é à toa que era um dos homens mais ricos do mundo. Delegar *é uma competência fundamental da liderança e libera o gestor para questões estratégicas.*
- Ana Maria Nubié, integrante do Hall da Fama do Marketing brasileiro e membro do grupo Mulheres do Brasil, é CSO (*chief strategy officer*) de uma empresa brasileira de propaganda. Ela consegue pilotar centenas de projetos simultaneamente. Não apenas tem a capacidade de acompanhar cada um deles, mas também de assegurar que serão cumpridos no prazo. O segredo: ela sabe como fazer um *follow-up* eficaz, isto é, o acompanhamento das tarefas, *como pouquíssimas pessoas sabem.* Mais uma competência básica do bom gestor.

Nossa próxima competência pode ser exemplificada em uma passagem vivida por Shackleton, um navegador irlandês considerado por muitos o maior líder que já existiu.

Certa vez, um de seus marinheiros, que fora boxeador, começou a atormentar os demais com sua força física, até o ponto em que seu comportamento passou a ser considerado detestável por seus companheiros.

Avisado do que estava acontecendo, Shackleton chamou o marinheiro encrenqueiro à sua cabine para conversarem. Até hoje, ninguém sabe o que Shackleton disse ao marinheiro, mas este saiu da reunião transtornado e pensativo e nunca mais importunou ninguém.

Uma das competências do líder mais difíceis de desenvolver é o *feedback*. Dois pontos básicos é que seja feito em particular, para não expor a pessoa, e que seja efetivo, isto é, que mude o comportamento do indivíduo. Saber dar *feedback é uma arte na qual o líder deve ser mestre.*

O que existe de mais brilhante na liderança do técnico Bernardinho, da seleção brasileira de vôlei, é que você jamais verá um time dele desmotivado. Por mais duras que sejam suas cobranças, quando um time liderado por ele entra em quadra, a motivação é altíssima do começo ao fim da partida. Esse é um excelente exemplo de como utilizar *essa fundamental competência de todo bom líder*: a motivação.

Outro ponto fundamental é o bom uso do tempo. Tempo é vida e realização, é a oportunidade de concretizar planos e conquistar objetivos. Por isso, líderes excelentes jamais desperdiçam seu próprio tempo ou o tempo de sua equipe.

Atletas de alto desempenho que se tornam empreendedores de sua própria carreira e imagem, em geral, são muito rigorosos com suas agendas. Roger Federer é famoso pelo controle que exerce sobre suas atividades. *Ele é um exemplo de campeão que* não brinca com o próprio tempo. *Uma competência fundamental dos líderes de sucesso.*

> *Portanto, as competências básicas da liderança são: comunicação, delegação, follow-up, feedback, motivação e gestão de agenda. O conhecimento delas e sua aplicação dão ao líder a aptidão requerida para gerar resultados consistentes ao longo do tempo.*

Dando sequência à análise das principais bases de trabalho do líder eficaz, é preciso prestar atenção a um conceito fundamental:

A liderança nunca pode ser engessada, imutável, rígida.

As empresas estão inseridas em contextos e situações dinâmicos. Às vezes, em uma fase de grande crescimento; noutro momento, em contração. Isso sem falar nas rupturas que são as grandes crises, inesperadas à maioria, ou mesmo nas fusões que afetam profundamente a empresa.

Se o mundo, os mercados, as empresas e as pessoas se transformam o tempo todo, o jeito de liderar não pode ser o mesmo sempre, não pode ter rigidez. Ao reconhecer essa dinâmica e se adaptar a ela, o líder tem grande chance de ser bem-sucedido em qualquer situação.

O bom gestor desenvolve sua capacidade de adaptação em todos os momentos para produzir o que dele é esperado. Essa desafiadora habilidade é responsável por grandes feitos, principalmente em momentos críticos da companhia.

Tive a chance de trabalhar nas décadas de 1980 e 1990 na área de tecnologia da informação. O ingresso dos microcomputadores fez estremecer estruturas sólidas de empresas como a IBM. Esse é um caso bem interessante, que merece ser detalhado um pouco mais.

Na época, a companhia contratou Louis Gerstner como seu novo CEO. Gerstner já havia liderado a divisão de cartões da American Express, que atravessou um período de grande sucesso. Ele recebeu a divisão com 8,6 milhões de associados e, 11 anos depois, deixou-a com 30 milhões.

Após uma passagem pela RJR Nabisco, ele assumiu a IBM, um símbolo da indústria de computação, à beira da falência. O CEO anterior, John Akers, não conseguiu fazer frente às mudanças provocadas pelos microcomputadores e acreditava que os *mainframes*, isto é, os computadores de grande porte, estavam condenados.

Gerstner soube reverter a situação. Em uma manobra considerada brilhante, reposicionou a empresa como especialista na integração das diversas plataformas de computação e serviços. Para se ter uma ideia de seu sucesso, em 1993, a IBM valia no mercado US$ 29 bilhões e, quando Gerstner deixou a empresa, em 2002, seu valor era de US$ 168 bilhões.

Ficou claro que ele foi um líder que sabia o que fazer em momentos de sucesso, tanto quanto em grandes crises. Flexibilidade: uma competência fundamental de um líder completo.

Enfim, para ter soluções claras e eficazes de liderança, sem dúvida, é preciso que o líder tenha consciência de sua responsabilidade com os resultados da empresa.

O líder consciente sabe que os resultados da empresa não são responsabilidade somente dos departamentos de vendas, marketing e financeiro.

Também reconhece que a retenção de pessoas é sua função e não joga essa responsabilidade somente para o setor de recursos humanos.

Ele compreende a conexão entre a retenção de pessoas, a experiência do cliente e os resultados. E, portanto, percebe que sua atuação é um fator determinante para que tudo isso aconteça.

A vivência que proporciona aos seus subordinados é decisiva para que os resultados sejam atingidos, tanto quanto sua capacidade de realizar suas ações dentro do orçamento. Isso porque é a responsável pela retenção deles e, com maior abrangência, pelos resultados de longo prazo, assim como é o elemento que auxilia a atração de novos talentos.

O comportamento do gestor é copiado pelas pessoas que trabalham com ele. Sendo assim, um líder respeitoso fomenta respeito. Esse comportamento se propaga pela empresa por meio de seus subordinados, que tratarão de forma respeitosa os colegas de outros setores, fornecedores e, principalmente, clientes. É evidente que as pessoas dão preferência aos produtos e serviços de empresas que respeitam seus consumidores.

Como exemplos dos dois extremos de respeito aos consumidores podem ser citadas, a meu ver, as empresas de telefonia e a tradicional Harley-Davidson.

Não é difícil observar como a reputação das empresas de telefonia celular é devastada. Cada ligação de um usuário para resolver um problema se transforma em inúmeros outros problemas, torna-se uma história de lamentação e transtorno. Esse é um exemplo autêntico de como não atender a um cliente, o qual, com certeza, começa com uma liderança interna inadequada.

No outro extremo, temos uma empresa como a Harley-Davidson, famosa pela experiência de liberdade e afinidade com o consumidor que a marca representa. Diz-se que a Harley não tem clientes, possui defensores da marca, que são fãs fiéis e satisfeitos! Sem dúvida alguma, uma imagem construída por lideranças focadas no respeito ao cliente.

Bem, uma vez levantados os caminhos para as soluções de liderança, chegou o momento de associarmos isso tudo a um método que ajudará a construir verdadeiros líderes transformadores, que farão uma grande diferença em sua própria vida profissional e, principalmente, nos resultados da empresa no qual atuam.

CAPÍTULO 6
RESULTADOS DURADOUROS POR MEIO DA LIDERANÇA

O líder deve percorrer o caminho que o leva a conquistar e manter resultados duradouros.

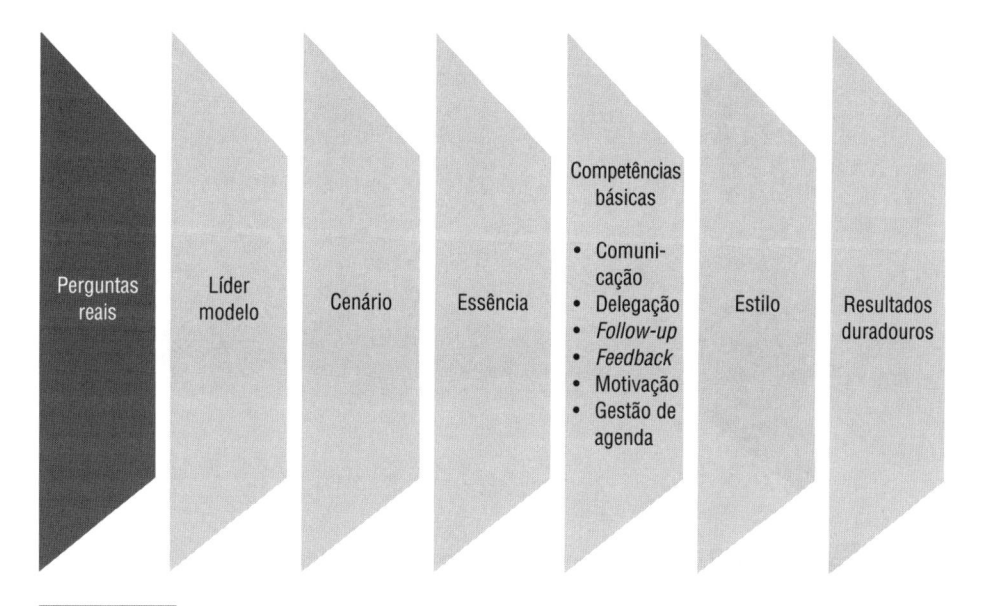

FIGURA 6-1 O caminho do líder transformador começa com "perguntas reais".

[Diagrama com as etapas: Perguntas reais → Líder modelo → Cenário → Essência → Competências básicas (Comunicação, Delegação, Follow-up, Feedback, Motivação, Gestão de agenda) → Estilo → Resultados duradouros]

Como mencionei na introdução, aquele que vai liderar deve saber fazer perguntas reais sobre liderança. Uma vez formuladas, o profissional está apto a percorrer o caminho para se tornar um líder.

Esse percurso se inicia com a inspiração provocada por um líder de referência e passa pelo reconhecimento do cenário no qual a liderança é exercida. Atravessa, então, a essência e as competências básicas de um líder rumo à definição e ao seu estilo de liderança e termina com o reconhecimento da conexão de suas ações com os resultados.

Como implementar tudo isso no dia a dia de trabalho e planejamento? Vamos tratar com mais atenção desse assunto. Siga estes passos para se modificar definitivamente e se tornar um verdadeiro líder transformador.

PASSO 1: ADOTE UM LÍDER COMO MODELO E SIGA SEU EXEMPLO

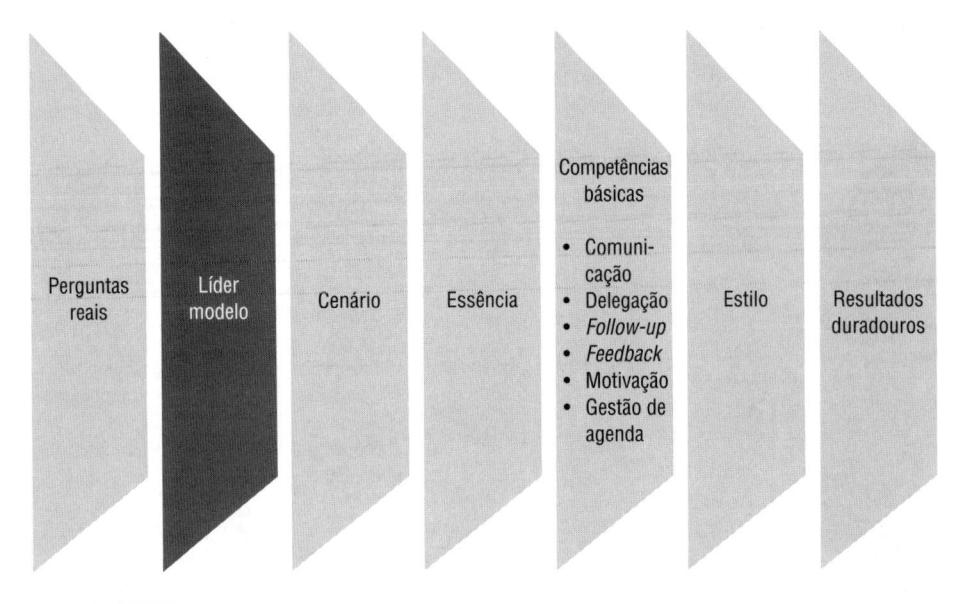

FIGURA 6-2 O caminho do líder transformador: a escolha do líder moderno.

Etapas: Perguntas reais → Líder modelo → Cenário → Essência → Competências básicas (Comunicação, Delegação, Follow-up, Feedback, Motivação, Gestão de agenda) → Estilo → Resultados duradouros.

O que deve servir de inspiração para você se tornar um líder é a possibilidade de cumprir um propósito elevado. E a melhor forma de escolher um é observar líderes ao longo da história e refletir sobre com qual deles você se sente mais conectado.

Existem algumas razões para você iniciar sua carreira de liderança com esse foco. Uma delas é que um líder não deveria se sentir perdido. Entretanto, por vezes, é exatamente isso que ocorre. Um gerente desorientado coloca em risco a empresa. Seus subordinados ficam dispersos, pois ou ele não sabe o que fazer, ou seus comandos são erráticos e sem critérios. As operações ficam comprometidas e, por último, o resultado é afetado.

Muitas vezes, isso acontece por causa da falta de um líder de referência. Ao adotar um líder como modelo, o gestor tem um importante apoio, principalmente nos momentos de grandes desafios.

Portanto, uma boa pergunta a responder é: quem você considera um grande líder?

Pode ser alguém na esfera do trabalho ou na família. Um líder histórico ou local. Um líder militar ou espiritual. Não importa, você deve ser capaz de escolher um grande líder como referência. Entretanto, é importante escolher um líder que seja verdadeiramente digno de ser seguido.

Certa vez, ao fazer essa pergunta aos participantes de um seminário, um deles respondeu que Hitler foi um grande líder e, portanto, poderia servir de referência.

É verdade que Hitler foi alguém que teve muitos seguidores – algumas pessoas ainda hoje seguem suas ideias. Mas você considera que os resultados que ele conquistou o qualificam como um líder a ser seguido?

Existem dois lados nessa questão dos quais gostaria que você refletisse a respeito. Podemos dividir os líderes em: líderes de construção e líderes de destruição. Aqueles cujo propósito é grandioso, que se preocupam em atingir resultados consistentes, desenvolver pessoas, elevá-las a um novo patamar de consciência, fazê-las suportar e vencer momentos de grandes dificuldades, esses todos são líderes de construção. Indivíduos como Mandela, Gandhi, Martin Luther King Jr., Chico Xavier, entre outros, são exemplos históricos de liderança construtiva.

No outro extremo, há líderes que desejam destruir: Hitler, Osama Bin Laden, Lênin, Stalin são exemplos de líderes que mataram e destruíram para atingir seus objetivos. Eles não respeitam limites para cumprir seus propósitos.

É muito mais fácil destruir do que construir. Basta observar o que é necessário para colocar um edifício de pé: anos de projeto, trabalho de inúmeros especialistas, licenças governamentais e muito esforço. Já uma única bomba, colocada em uma coluna, e o edifício virá abaixo em poucos segundos.

Portanto, um líder de destruição não precisa ser tão inteligente quanto um líder de construção. Destruir é um ato muito mais fácil do que construir. Peter Belohlavek, pesquisador especializado em ciências da complexidade, demonstra essa conclusão em seus trabalhos de mais de 30 anos sobre evolução humana: "Duas pessoas com a mesma inteligência, uma querendo construir e a outra destruir, essa segunda ganhará.".

Quando peço a você para escolher um líder de referência, refiro-me a um líder de construção.

O mesmo ocorre na empresa. Há líderes preocupados em fazê-la crescer e torná-la cada vez mais relevante no mercado e para os clientes, ao mesmo tempo que encontramos gestores contrários a tudo: tornaram-se anacrônicos com o passar do tempo, não aceitam novas ideias, criticam os demais, não colaboram e, nos casos mais graves, fazem ações que prejudicam diretamente o resultado da empresa. Nesses casos, é importante identificá-los e afastá-los de suas funções, embora nem sempre isso seja possível. Então, esteja atento a esses indivíduos; eles são motivo de grandes infortúnios nas empresas.

Certa vez, o diretor de serviços de um grupo de informática contratou um executivo que demonstrava grande capacidade de articulação. Também era resiliente e com muita capacidade de trabalho. Entretanto, quanto mais o tempo passava, mais ele demonstrava ter dois comportamentos: perante o diretor era uma pessoa correta e afável e, para o time, era alguém duríssimo, que cobrava qualquer tipo de ação para que o resultado ocorresse.

Então o diretor, sem perceber a má intenção do executivo, deu-lhe cada vez mais oportunidades, até participar de reuniões com o presidente da empresa em sua ausência. Foi aí que sua má índole e sua capacidade de destruição se revelaram. Em meio às férias do diretor, ele viu uma oportunidade de conversar com o presidente da empresa sobre o diretor, dizendo que era uma pessoa dura e que ninguém, nem ao menos os clientes, gostava dele. E que era ele, o executivo, quem mantinha as operações em ordem.

O presidente passava por uma crise na empresa e também pessoal e acabou sendo convencido pelo executivo de que deveria remover o diretor e substituí-lo por ele. E foi o que fez após alguns meses. Entretanto, ao longo dos anos seguintes, aquele diretor, extremamente competente e com grande capacidade de recuperação, foi trabalhar em outra empresa menor e a fez triplicar de tamanho.

Aquele executivo criou uma forte aliança com o presidente, mas ambos, sozinhos, não foram capazes de fazer a empresa continuar a crescer. Três anos após a saída do antigo diretor, a companhia foi absorvida por outro grupo, pois havia perdido mais de 30% de seu faturamento.

Já em uma subsidiária americana de uma empresa de terceirização de mão de obra, havia uma situação provocada por um diretor financeiro de péssima índole. Ele tratava mal seus funcionários, contratou uma gerente para encobrir suas deficiências e trabalhava a fim de não deixar nenhum outro diretor se destacar, pois seu único objetivo era ser promovido a CEO da empresa.

O diretor de RH recebia inúmeras reclamações de executivos da empresa a respeito, e ele mesmo tinha tentado, por várias vezes, conversar com o diretor financeiro para que mudasse seu comportamento. Entretanto, o próprio diretor de RH começou a se ver prejudicado pelas ações do diretor financeiro e resolveu que não entraria em um embate direto.

Ele resolveu que deveria sair da empresa, pois, se não era capaz de resolver essa situação, não deveria estar como principal responsável pelo RH. Entretanto, quando o diretor de RH começou a fazer *coaching* para definir as ações a fim de dar continuidade em sua carreira, o presidente da empresa foi substituído por alguém com quem ele já havia trabalhado.

Foi aí que o novo presidente, com poucas semanas, presenciou o diretor financeiro dando um *feedback* inapropriado para um funcionário. E, logo em seguida, o diretor financeiro criou um problema com o diretor jurídico, ao tratar muito mal uma funcionária da área. O diretor de RH foi comunicado e relatou a situação para o presidente, que já tinha percebido a má índole do diretor financeiro. O presidente, em algumas semanas, alinhou a saída do diretor financeiro com o conselho de administração da empresa e o demitiu.

Em pouco tempo o clima organizacional deu um salto muito positivo, e o diretor de RH criou políticas para identificar e evitar a contratação de pessoas com esse tipo de comportamento. O presidente o nomeou seu sucessor, e ele foi promovido ao cargo alguns anos depois.

É importante saber que esse embate de líderes de construção e de destruição remonta à história da humanidade, e não ocorre apenas dentro de empresas.

Portanto, vamos voltar à questão do líder de referência. Uma vez escolhido quem é o seu, procure conhecê-lo ao máximo. Tenha sempre em mente ao menos duas características que o fazem admirar esse líder. Características como: competência para formar novos líderes, aptidão para dar *feedbacks*, grande resiliência, perseverança, propósito elevado e capacidade de motivar pessoas. Enfim, observe quais são as características que tornaram esse líder admirável e digno de ser referência. Leia tudo a respeito dele e, se ainda for vivo e possível de ser contatado, faça isso. Procure compreender a fundo o pensamento dele.

A importância de ter um líder de referência é que, nos momentos mais críticos, você deve pensar: o que esse líder provavelmente faria se estivesse nessa situação? E, dessa forma, você tem uma fonte inesgotável de ideias para agir.

Em meus trabalhos, alguns líderes são mencionados com mais frequência: Jesus, Gandhi, Ayrton Senna e Nelson Mandela. Felizmente, somente em três ocasiões tive de ouvir pessoas mencionarem: Hitler, Stalin e Lênin. Ainda assim, as menções foram feitas conectando-se ao exemplo negativo de liderança.

Preocupa-me o fato de que, quando se fala em líderes de referência, pouquíssimas vezes as pessoas se lembram de mulheres. Ainda mais que, em português, a maioria considera a palavra *líder* como um substantivo masculino, embora seja de ambos os gêneros. Nomes como Zilda Arns, Viviane Senna, Ruth Cardoso, entre outros, são extremamente relevantes e deveriam ser lembrados com maior frequência como exemplos de liderança.

Ter um líder de referência é um importante fator de sucesso para um gerente. Reflita e escolha aquele que de fato inspira você. A seguir, relaciono os líderes mais mencionados em meus trabalhos e as características ressaltadas pelas pessoas ao escolhê-los.

JESUS CRISTO
Uma das razões objetivas pelas quais Jesus é o mais mencionado de todos é que Ele transformou seus discípulos em grandes líderes, e essa é a principal função do líder: formar novos líderes.

É muito difícil negar a relevância d'Ele como líder espiritual. Dá para imaginar alguém que tenha causado um impacto tão grande nas pessoas que elas passaram a contar o tempo a partir de Sua existência? Somente uma vida extraordinária seria capaz disso.

Independentemente de sua crença, a existência de Cristo como líder é uma grande referência e, para muitos, a maior de todas. Sua capacidade de mobilizar pessoas é uma característica fundamental a qualquer líder. Pense no Jesus histórico, não no mito, e reflita sobre a seguinte pergunta: o que de Jesus está vivo até hoje? Responderei a essa questão nas próximas páginas. Ela é fundamental para seu desenvolvimento como líder.

GANDHI

Paciência, perseverança, sacrifício e não violência. São tantas as nobres palavras e expressões que se associam a Gandhi que ele é, de fato, um dos maiores líderes de referência no mundo.

Martin Luther King Jr. admite, em sua autobiografia, que foi a ideia de Gandhi de luta pela não violência que o inspirou a fazer o mesmo pelos direitos civis dos negros, na década de 1960, nos Estados Unidos.

A figura franzina de Gandhi nos coloca diante de um grande aprendizado em liderança. Afinal, como foi possível um homem de aspectos físicos tão frágeis ser capaz de expulsar a coroa britânica da Índia? Você consegue imaginar Gandhi, diante de um general armado da Grã-Bretanha, dizer: "Nós achamos que vocês devem sair de nosso país. E pretendemos que isso seja feito sem dispararmos um único tiro" e, após 40 anos, essa missão ser cumprida? Como isso é possível?

Na história de Gandhi, está um aspecto único da liderança humana: a autoridade. Em todo o reino animal, o líder será sempre o mais forte. Leões lutarão para decidir quem liderará o bando. O mesmo farão os elefantes. O líder sempre será o mais forte.

Apesar de a liderança humana também ser possível de ser exercida pela força, temos a capacidade única de liderar pela autoridade, isto é, pelo uso da palavra. A forma como Gandhi expulsou a Inglaterra da Índia foi conversando com seus liderados. Convencendo-os, paulatinamente, a fazer ações que, por meio da não violência, enfraqueceram e expulsaram o domínio britânico sobre a Índia.

Lembre-se: você dificilmente terá de lidar com um problema tão complexo e difícil quanto o de Gandhi. Se ele foi capaz de resolver o problema dele conversando, você também o será.

De uma forma livre, podemos dizer que ter autoridade é ser autor pela palavra, ou seja, algo ocorrer porque o líder disse que assim o seria, como nesse exemplo de Gandhi, ao afirmar que expulsaria os ingleses.

Por essa razão, a comunicação é a competência primordial do líder. Todo o esforço que você fizer para aprimorar sua capacidade de comunicação será recompensado em sua aptidão para resolver problemas cada vez mais complexos. Gandhi foi uma prova viva dessa verdade.

NELSON MANDELA

A principal característica de Mandela em sua luta contra o *apartheid* na África do Sul foi sua evolução ao longo dos anos. Mais especificamente, as modificações em sua ética.

Nenhum líder é capaz de liderar ao longo da história se não acompanhar as transformações das situações e evoluir de acordo com elas. Há um grande aprendizado, na trajetória de Mandela, a todos aqueles que desejam evoluir e contribuir com algo relevante para a humanidade.

No início de sua luta, ele se encontrava nos primeiros níveis da ética. Esses níveis são representados pelos pensamentos: "Estão todos contra mim" e "somos nós contra eles.".

Nesses patamares de ética, o indivíduo é basicamente um sobrevivente que vê o mundo como algo perigoso e hostil. Portanto, para se defender, adota uma atitude violenta. É como se ele vivesse em uma caverna rodeada por uma densa e perigosa floresta e somente saísse dela para pegar seu alimento e matar possíveis predadores.

Peter Belohlavek, cientista especializado em ciências da complexidade, demonstra que é nesse nível de ética, chamada de fundamentalista, que se formam os terroristas. Lembre-se de que nem todo terrorista usa bomba para destruir outras pessoas, ideias e obras. Eles podem se juntar também em agremiações partidárias. Quando associados, formam grupos com grande poder de destruição. Relembrando: destruir é sempre mais fácil do que construir e, portanto, requer menos inteligência de quem deseja fazê-lo.

O próximo nível de ética é aquele necessário para fazer parte de uma empresa. É aquele no qual o indivíduo sabe que faz parte de um grupo que deseja construir algo e crescer e deve contribuir com ele em relações ganha-ganha. Isto é, aquilo que for feito será para gerar benefícios a todos os envolvidos no processo, como a relação entre empresa e clientes ou empresa e fornecedores. Esse é o nível mínimo de ética que a pessoa tem de ter para participar de uma organização empresarial.

O patamar seguinte é o da ética necessária para formar um país. O pensamento que permeia as ações do indivíduo é: "somos um só", ou seja, ele sabe que qualquer uma de suas ações refletirá em todos, e as ações dos outros repercutirão nele. Por isso, o senso de contribuição é muito grande. Esse é o nível mínimo necessário que boa parte da população deve atingir para a construção de um país.

O último e mais elevado nível da ética – diga-se de passagem que Mandela o atingiu – é aquele no qual um raro pensamento domina. É um patamar reservado a indivíduos de grande iluminação e que sabem que a obra que se propuseram a fazer os fará perder muito, assim como para todos aqueles que contribuírem com ela: por essa razão, quem participa dessa obra está em uma relação "perde-perde". A humanidade, contudo, sairá ganhando, especialmente as gerações futuras, e, portanto, essa pode ser considerada, em longo prazo e sob uma ótica maior, uma relação "perde-ganha".

Mandela perdeu anos de sua vida na prisão. Perdeu sua família, viu amigos morrerem ao longo de sua trajetória. No entanto, a humanidade ganhou muito com seu exemplo de coragem e luta contra a infâmia do *apartheid*, assim como as gerações futuras na África do Sul. Ele é, com certeza, um exemplo duradouro para muitas gerações de líderes em todo o mundo.

Qual é o líder que você admira? Por quê?

Escreva a resposta de ambas as perguntas e, em momentos difíceis em sua liderança, lembre-se de questionar: o que o líder que admiro provavelmente faria nessa situação?

Para você que está começando na carreira ou que gostaria de escolher com maior consciência seu líder de referência, sugiro o seguinte exercício:

- Descubra dez líderes que sejam admirados por você e por outras pessoas. Faça uma lista equilibrada de gênero. Procure na internet, em livrarias e converse com as pessoas sobre as histórias desses líderes.
- Procure pelos seguintes elementos na trajetória deles:
  - Qual era seu propósito?
  - Qual era sua ética?
  - Quais eram seus valores e suas crenças?
  - Quais eram cinco competências marcantes deles? Exemplos: perseverança, comunicação, motivação, inspiração, capacidade de dar *feedback*, formação de times vencedores, delegação, autenticidade, construção, pensamento grande, generosidade, sacrifício, formação de outros líderes, entre outras.

Agora pense em seu futuro. Onde você deseja estar daqui a cinco, dez e 15 anos? Procure pensar em uma cena, como em um filme, que simboliza esse seu futuro. Por exemplo, não pense apenas em: quero ser presidente da empresa. Pense em você numa sala com vários diretores, ouvindo e vendo apresentações de relatórios e tomando decisões importantes.

Quais competências precisará desenvolver para que esse futuro se realize?

Quais dos líderes que você estudou têm essas competências muito desenvolvidas e as utilizaram de maneira extraordinária para atingir seus objetivos?

Pense nas desvantagens e nos obstáculos que enfrentará para desenvolver essas competências e como lidará com eles.

Agora pense nas vantagens e nos benefícios que terá ao desenvolver essas competências ao máximo e utilizá-las na realização de seus sonhos. São por essas razões que você deverá se desenvolver continuamente e com perseverança.

Finalmente, escolha seu líder e lembre-se sempre dele em sua trajetória de liderança! Sua transformação se inicia com essa escolha, ao começar a compreender as ideias, os propósitos, o contexto e a maneira de agir de um líder inspirador!

PASSO 2: RESPEITE SEMPRE O CENÁRIO NO QUAL A LIDERANÇA É EXERCIDA

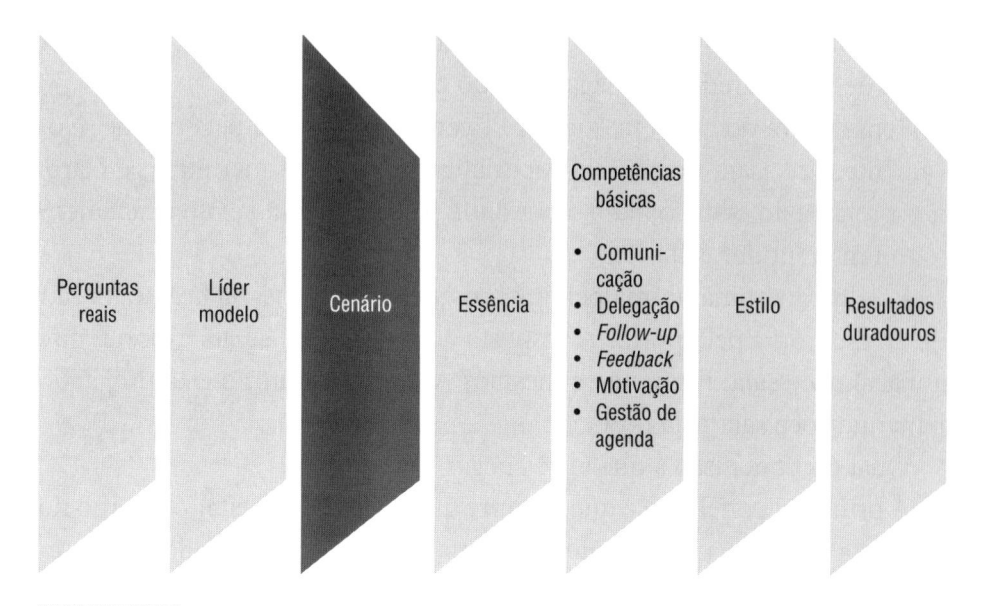

FIGURA 6-3 O caminho do líder transformador e o cenário no qual a liderança é exercida.

Fluxo: Perguntas reais → Líder modelo → **Cenário** → Essência → Competências básicas (Comunicação, Delegação, *Follow-up*, Feedback, Motivação, Gestão de agenda) → Estilo → Resultados duradouros

Um dos maiores desafios da liderança é observar o cenário no qual ela é exercida.

Imagine um palco em que há um cenário montado pronto para uma peça começar. Nele você vê todos os móveis: mesas, cadeiras, quadros, sofás, objetos de decoração, paredes, portas, enfim, tudo que é necessário para a peça acontecer. De repente, entra o ator no palco. Sua atenção se volta completamente para ele. É claro que o cenário não deixa de existir com a presença dele, mas sua atenção fica completamente concentrada no ator.

O mesmo ocorre na liderança. O líder fica tão focado nas pessoas que se esquece do cenário. E é fundamental que ele seja levado em conta em cada uma das ações.

Pense, por exemplo, em um escritório que você conheça. Lembre-se de todos os móveis e da localização das paredes, das colunas e das portas. Agora, responda à seguinte pergunta: o que você precisaria fazer para sair desse escritório atravessando o chão?

Caso o escritório esteja em um edifício em um andar acima do térreo, você precisará de um engenheiro civil, uma máquina para furar o chão e, provavelmente, uma escada. Se for um escritório no nível térreo, é ainda mais complexo, pois você precisará cavar um buraco na terra, passar por baixo de uma parede até chegar ao lado de fora.

Pense agora no caso em que você tiver de sair da sala pela parede. Novamente, precisará de pessoal especializado, de uma marreta e, é claro, dos projetos do edifício, para saber onde passam a fiação e os encanamentos a fim de poder evitá-los.

Finalmente, uma última pergunta: o que você precisaria fazer para sair desse escritório pela porta? A resposta é óbvia: dirija-se até a porta, gire a maçaneta e saia. Fácil, não é mesmo? Afinal, o escritório está projetado para que você saia pela porta.

Qual é a conclusão a que você chega?

A principal conclusão é que, sempre que você desrespeitar o cenário no qual está inserido, utilizará muita energia para conseguir aquilo que deseja. Por outro lado, se você respeitar esse mesmo cenário, o gasto de energia será muito menor e as soluções tenderão a ser mais simples e eficazes.

Muito do que está escrito neste livro trata de iluminar o cenário para que você possa enxergá-lo e, então, agir com maior consciência, gastar menos energia e conseguir o resultado que deseja.

Para enxergar cada um dos elementos relevantes do cenário em que você exerce sua liderança, nada melhor do que refletir sobre as cinco perguntas a seguir.

Elas foram formuladas por Donald Laird, PhD em psicologia, ao falar sobre as cinco habilidades necessárias para a liderança, mencionadas no livro para formação em *coaching* integrado do Integrated Coaching Institute, de 2004.

VOCÊ CONSEGUE LIDAR COM UMA PESSOA EXPLOSIVA E QUE ESTÁ TE INSULTANDO?

Se alguma vez, ao exercer seu cargo de gerente, você se sentir insultado, seja bem-vindo à liderança! Líderes são, sim, muito insultados. É só você procurar lembrar quais são as pessoas mais insultadas do planeta e verá: presidentes da República, juízes de futebol, diretores de empresas, entre outros.

Isso ocorre porque, ao exercer a função de líder, você corre o risco de provocar emoções nas demais pessoas. E, se elas tiverem uma emoção muito forte – como frustração e raiva –, suas atitudes e palavras podem ser imprevisíveis e descontroladas, o que pode resultar em um insulto grave e dolorido a você.

Portanto, o primeiro elemento do cenário no qual a liderança é exercida é a emoção das outras pessoas.

Você deve compreender que seres humanos são "máquinas geradoras de emoções" e, portanto, observar as expressões emocionais das pessoas como algo esperado e natural, lidar com elas a fim de não aumentar um estado emocional negativo – por exemplo, raiva e frustração – e buscar criar um clima tão sereno quanto possível para todos.

VOCÊ CONSEGUE RIR COM OS OUTROS QUANDO A PIADA É SOBRE VOCÊ?

Não é raro, no dia a dia, que o líder seja alvo de uma piada feita pelo chefe, pelo cliente ou até por seus companheiros de equipe. No entanto, nem sempre encontramos pessoas dispostas a rir com uma anedota a respeito de si mesmas.

Se você escolheu ser líder, deve aprender a rir de si mesmo diante das angústias, da ansiedade, do medo e da frustração em obter resultados por meio de outras pessoas. E tem de aprender a se portar de modo profissional e responsável, mesmo que a agressão seja feita em tom de brincadeira e, ainda assim, doa em seu íntimo.

Uma boa sugestão é pensar em quão relevante essa brincadeira será daqui a cinco anos. Você também pode ver as situações da vida com mais leveza e perceber que, de fato, há uma perspectiva cômica em muitos de seus atos.

Portanto, se o primeiro elemento do cenário no qual a liderança é exercida é a emoção das outras pessoas, o segundo elemento é a emoção do próprio líder.

Liderar exige que a pessoa busque dominar suas emoções em todos os momentos.

Para isso, você deve ter um profundo conhecimento a respeito de si mesmo, de seus limites emocionais e de como respeitá-los. Lembre-se de que as emoções são semelhantes à vida. Se você segurar um grão de feijão em suas mãos, ele germinará? É claro que não. Entretanto, se você o enterrar e regar apropriadamente, após certo tempo terá um pé de feijão, ou seja, para dominar a vida, você controla as condições nas quais ela acontece.

As emoções têm o mesmo princípio. Para dominá-las, procure controlar a altura de sua voz, sua postura corporal e seus gestos. Por exemplo, se quiser gerar serenidade, fale com o volume moderado, mantenha a postura ereta e gestos comedidos e não muito rápidos. Não pense que com isso você sentirá serenidade imediatamente, mas, nesse contexto, significa gerar nos demais a vivência de que estão diante de alguém sereno. É provável que eles diminuam a intensidade das emoções, abaixem o volume de sua voz e gesticulem menos, o que gerará condições para sua serenidade também.

Principalmente nos momentos em que o líder tem de lidar com as pressões criadas por prazos restritos, orçamentos reduzidos, clientes difíceis e acionistas exigentes, o domínio emocional é importante para se manter consciente e atento a tudo que está acontecendo e o que dele é esperado.

VOCÊ CONSEGUE PASSAR POR UM PERÍODO RUIM SEM DESANIMAR?

É fundamental que o líder se interesse por pessoas. Principalmente sobre como ocorre a evolução delas. Seres humanos e sistemas compostos por seres humanos evoluem em ciclos formados por fases de contração e expansão, como já foi referido.

A natureza humana é de crescimento; portanto, toda vez que a economia coloca as empresas em uma fase de contração, estamos diante de algo muito contrário a essa natureza.

Nesses momentos, o diálogo do líder com seus subordinados, com a certeza e a perseverança de que a fase passará, é fundamental. As fases de expansão e contração fazem parte do cenário no qual a liderança ocorre, mas o líder deve ser hábil em conduzir seu grupo em qualquer que seja a fase na qual a empresa se encontra.

Portanto, se você desanima ao enfrentar momentos de crise, precisará relembrar como seu líder de referência lida com momentos de grande dificuldade. Procure descobrir como ele se mantém motivado e como motiva os demais. Se esse exemplo não funcionar para você, converse com um mentor ou um *coach* sobre como desenvolver a automotivação nesses momentos. Neste livro, há também um capítulo específico sobre motivação, que será útil para seu desenvolvimento nessa questão.

VOCÊ TEM ENERGIA SUFICIENTE PARA IR EM FRENTE QUANDO TUDO ESTÁ DANDO ERRADO?

Aqui a situação é diferente da anterior. Não se trata especificamente de um momento de crise ou de contração, mas, sim, de ruptura, ou seja, um evento grave ocorreu e atingiu a todos igualmente. Por mais que as pessoas façam, os acontecimentos só pioram, e as ações para resolver a situação parecem surtir um efeito contrário, isto é, quanto mais as pessoas fazem, pior fica.

Nesses instantes em que tudo parece desmoronar, mais importante que a fala é a presença do líder que conta, ou seja, sempre que algo muito grave ocorre, o mais importante é ele estar presente.

A presença do líder causa um alívio semelhante àquele que tínhamos, na infância, de que nosso pai chegava no momento em que a brincadeira havia causado um grande estrago na casa e não sabíamos como arrumar. Por mais zangado que ele estivesse, ficávamos aliviados com sua presença. Embora essa presença não fosse suficiente para consertar o estrago feito, o alívio existia. Era algo ligado à sensação de proteção.

A imagem que você deve ter a respeito disso é a do capitão de um navio que está à deriva: o leme está avariado, o rádio quebrou, o motor está danificado e uma tempestade se aproxima. O que todos querem ver? O capitão segurando o manche. Não importa o que aconteça, todas as pessoas na cabine estão olhando pela janela em direção à proa e querem ver o líder em seu posto.

Nesse exemplo hipotético, o líder poderia até estar pensando, enquanto olha em direção ao mar revolto à frente: "Vamos morrer todos... Não vai sobrar um...".

Entretanto, ao se voltar para as cabines em direção à tripulação e aos passageiros, abre um sorriso confiante e faz um sinal positivo com o polegar para cima.

O líder mantém a missão em foco e sabe que sua presença altera o moral de todos. Ele não abandona o barco! Principalmente em momentos de ruptura, em que tudo está dando muito errado.

Para você que está refletindo a respeito de como fazer isso, lembre-se: não há nada a ser feito! Domine a emoção e mantenha-se presente para as pessoas!

VOCÊ CONSEGUE LIDAR COM SITUAÇÕES DE EMERGÊNCIA?

Quando alguém quer ser líder, raramente pensa que será responsável pela vida das pessoas que estão sob seu comando. Isso porque alguns querem ser gerentes para ter os benefícios que o cargo oferece, mas não querem pensar no ônus.

Há empresas cujo ambiente de trabalho é altamente perigoso: construtoras, mineradoras, usinas de energia, plataformas de petróleo, usinas nucleares, fábricas de armamentos, entre outras. Nesses lugares, há situações de perigo em todos os momentos. Se um líder não for atento nem souber lidar com elas, aumentará o risco à vida dele e dos demais.

Mesmo em um escritório há momentos de emergência: um incêndio, um assalto, uma queda nas escadas, um acidente no elevador ou até um infarto. São situações nas quais alguém pode perder a vida, e o líder deve ser capaz de conduzir esses eventos da melhor forma possível.

Essa maneira de lidar com emergências se revela quando o gestor sabe identificar as possíveis situações de risco, adotar os melhores procedimentos e treiná-los para quando ocorrerem.

Ainda assim, sempre há algo imprevisível: como o líder vai se comportar na situação real? Os únicos que podem responder a essa pergunta são aqueles que já passaram por uma emergência e saíram ilesos. Pois, mesmo conhecendo os procedimentos e tendo treinado exaustivamente, quando acontecer o evento real é impossível prever a intensidade das emoções e se, de fato, os procedimentos serão realizados corretamente.

Tenho um amigo, já aposentado, que foi por longo tempo engenheiro de voo da extinta Varig. Certa vez, conversávamos sobre sua experiência e ele me contou sobre um voo de São Paulo para Miami, com um comandante extremamente experiente, mas que nunca passara por uma situação de emergência.

Uma dessas situações de emergência, treinadas exaustivamente, é quando ocorre fogo na turbina. Dizia meu amigo que, quando isso acontece, o primeiro passo é o alerta do engenheiro de voo, no caso ele mesmo, de que a turbina está pegando fogo. Ele deve fazer isso em inglês, e a tripulação deve passar a falar nesse idioma na cabine, declarar em voz alta os acontecimentos e seguir o procedimento de emergência à risca.

Na ocasião, o voo seguia com tranquilidade quando, de repente, soou o alarme: fogo no motor!

Meu amigo, com toda a sua experiência, imediatamente falou em inglês: "*Commander! Fire on engine number one!*" (Comandante! Fogo no motor número um!).

O piloto, então, virou-se para ele e, com os olhos arregalados, falou em português:

– Você tem certeza?!

Meu amigo, então, repetiu a informação. E dessa vez o piloto, ainda mais nervoso e trêmulo, respondeu:

– Você acha mesmo?!

Por surpreendente que seja, é previsto nos procedimentos que, quando o piloto entra em pânico, qualquer pessoa na cabine pode assumir a sequência dos procedimentos. Meu amigo, o mais experiente na situação, imediatamente declarou em inglês:

– Estou assumindo a sequência de procedimentos. Desligando alarme de incêndio. Disparando extintor um. Disparando extintor dois.

Finalmente, acionou o rádio e pediu pista para pouso de emergência.

Esse é um exemplo do que um líder deve fazer: assumir o controle da situação. Caso entenda que não consegue lidar com uma situação de emergência, por causa de suas emoções, ele deve, então, estabelecer quem será o líder quando a emergência ocorrer. Por exemplo, um gerente de segurança ou da Cipa (Comissão Interna de Prevenção de Acidentes) podem ser bons candidatos a assumir a liderança em emergências, pois possuem, ou deveriam possuir, melhor controle emocional nessas situações.

Conhecer seus limites, até mesmo emocionais, é um fator de segurança para todos que estão sob sua responsabilidade. Entretanto, não há como saber, até passar por uma situação real, se de fato você tem condições de enfrentar uma emergência. Novamente, você precisa se interessar por se autoconhecer, amadurecer e desenvolver-se sempre. Use todos os recursos para isso: cursos, vivências e conversas com psicólogos, entre outros.

Temos, portanto, que o cenário em que a liderança é exercida é composto pelas emoções das pessoas lideradas e do próprio líder, pelos períodos de expansão e contração, pelos momentos de ruptura e emergências. Mas, então, onde fica esse cenário na prática?

Onde ficam as emoções, as percepções de períodos de contração e expansão, as rupturas e as emergências?

Dentro das pessoas, é claro!

E se esse cenário fica dentro das pessoas, ele é invisível! Essa é a principal dificuldade para o exercício da liderança: o local em que ela ocorre é na cabeça das pessoas. E o único acesso que temos a ele é pelos diálogos e pela reflexão a respeito das ações dos indivíduos diante de um comando.

Por essa razão, quanto maior a capacidade de conversar e refletir sobre o comportamento das pessoas em relação ao que afirmam em seus diálogos, maior a capacidade do líder de reconhecer esse cenário e respeitá-lo.

O líder atento perceberá a diferença de natureza das pessoas e até dele mesmo. Algumas são extrovertidas; outras, introvertidas. Existem as emocionais e as racionais. As prolixas, as tácitas, ou seja, as caladas, as silenciosas. As que estão em um momento de grande dificuldade na vida particular, além daquelas de má índole. E também haverá as combinações de todos esses infinitos elementos.

A maneira de perceber isso é dialogar com as pessoas, conhecer suas histórias, seu momento de vida e suas preocupações. Levar isso em conta ao cobrar suas ações, sabendo que, embora não possa abrir mão dos resultados, eles não precisam ser obtidos de maneira desrespeitosa e desumana. Você precisará de tempo e de disciplina para conversar com seus liderados e compreender como pensam e se comportam diante de sua liderança.

Também deve refletir sobre si mesmo, suas características e saber qual é seu momento na vida pessoal e como isso o afeta, principalmente no que diz respeito à sua capacidade de dominar as emoções e agir para cumprir os propósitos da empresa.

Por meio do diálogo e da reflexão, o líder deve ser capaz de jogar luz nesses cenários e agir respeitando esses elementos. Quanto melhor for essa sua habilidade, menor o gasto de energia e maior a efetividade do resultado das pessoas e das equipes sob sua responsabilidade, principalmente no longo prazo.

PASSO 3: ATUE COM FOCO NA ESSÊNCIA DA LIDERANÇA E NAS COMPETÊNCIAS BÁSICAS

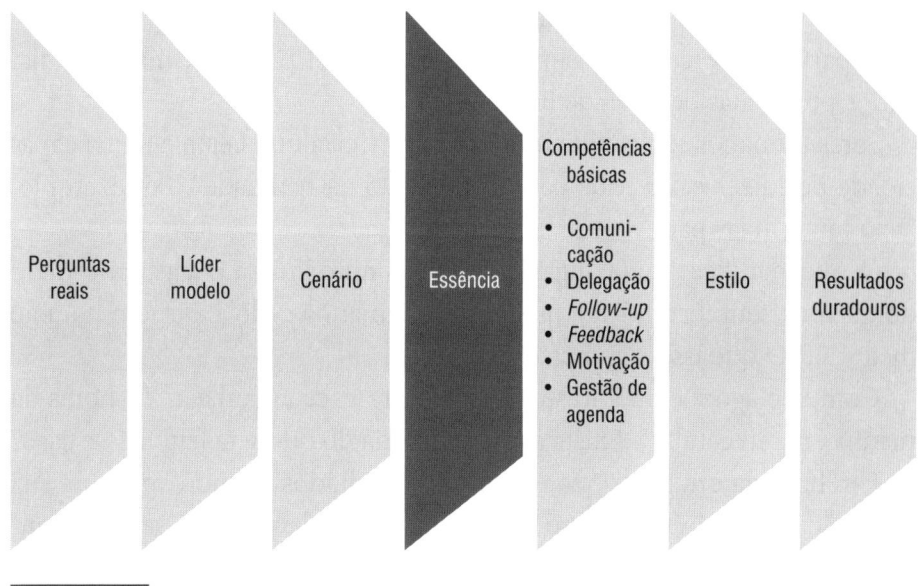

Perguntas reais | Líder modelo | Cenário | **Essência** | Competências básicas
- Comunicação
- Delegação
- *Follow-up*
- *Feedback*
- Motivação
- Gestão de agenda

| Estilo | Resultados duradouros

FIGURA 6-4 O caminho do líder transformador e a essência da liderança.

Por vezes, o líder se encontra em uma situação tão caótica que pode não saber o que fazer. Principalmente em momentos de forte contração econômica ou de ruptura, a tendência é que as pessoas percam o foco e se dispersem. Nesse quadro, os problemas degeneram, viram crises gravíssimas e envolvem pessoas de diferentes setores da empresa.

Fica evidente, nesses casos, que a liderança deve ser ainda mais determinada em suas atribuições, para não deixar as pessoas perderem sua referência, o que agravaria a situação.

Para isso, a empresa precisa ter líderes bem preparados, que conheçam e apliquem a essência da liderança, principalmente nesses momentos de instabilidade.

Como você explicaria para uma criança de 12 anos o que faz um líder? É importante refletir sobre essa questão, pois, se você for capaz de explicar para ela, provavelmente usará uma descrição tão objetiva quanto possível e, assim, chegará à essência da liderança.

Considere como possibilidade que, em sua essência, "o líder diz para as pessoas o que é para ser feito, de uma forma que elas entendam e façam o que é preciso para cumprir com os propósitos da empresa".

A partir desse conceito simples, já é possível perceber, no dia a dia, vários problemas de falha de liderança.

Seres humanos são os únicos animais na Terra que falam e têm a capacidade de "dizer coisas que não acontecerão na realidade". Por exemplo: "Vou tentar ligar para você amanhã cedo!".

O que significa "tentar ligar"? A pessoa aproximará e afastará o dedo do telefone sem tocá-lo? E a que horas é "amanhã cedo"? Da zero hora ao meio-dia? O que isso significa exatamente?

Compare agora com a frase: "Ligarei para você amanhã às 10 horas da manhã em seu celular". Existe alguma dúvida do que será feito nesse caso?

Um líder dá um grande salto em seus resultados quando aprimora sua comunicação: quanto mais se comunica com palavras com sentido concreto, é mais provável que sua equipe execute o que é preciso, da forma e no momento em que é preciso.

Para saber se algo que é dito realmente ocorrerá, imagine se aquilo pode ou não ser filmado. É possível você filmar alguém ligando para um celular às 10 horas da manhã; no entanto, é impossível filmar alguém "tentando ligar" – ou ele liga ou não liga.

Também é importante que o líder evite palavras como: certo, errado, verdade e mentira. Elas criam muita emoção e não comunicam o que é para ser feito.

Por exemplo: "Esse relatório está errado!". Melhor seria dizer: "Esse relatório está com a coluna de receitas somadas parcialmente. Por gentileza, some todos os meses para obter o resultado anual".

É importante também fazer o ajuste da linguagem de acordo com seus interlocutores, principalmente quando o tema for muito complexo. Na verdade, já vi situações curiosas de executivos que, na ânsia de mostrar sofisticação, falaram coisas incompreensíveis.

Certa vez, durante um trabalho com presidentes de empresas que compunham uma *holding*, o presidente do conselho disse: "Precisamos mudar o paradigma comercial das operações, a fim de integrar as estratégias operacionais". O problema é que, na mesma sala, estavam presidentes de operações de vendas de produtos e outros de serviços de suporte operacional, de maneira que não fazia sentido o que dissera.

Entretanto, todos concordaram por conveniência do momento. Após a saída do presidente do conselho da sala, pedi a todos que pegassem uma caneta e papel e escrevessem, em um minuto, o que significava a frase que haviam ouvido. Ao todo, obtive 15 respostas diferentes, e um único indivíduo foi corajoso e honesto o bastante para deixar a folha em branco.

Temos de tomar cuidado, pois se usarmos um vocabulário rebuscado demais, a nossa fala pode não fazer o menor sentido para nossos liderados.

Lembre-se de que o último degrau da complexidade é a simplicidade. Isso vale para o diálogo do líder. Ele é mestre em usar a linguagem que seus liderados entendem, atingindo os resultados que deseja.

TRANSFORME SUA COMUNICAÇÃO EM AÇÕES PRODUTIVAS

Na quase totalidade das empresas, ouvimos a seguinte afirmação: "Nós temos um problema de comunicação aqui!". Entretanto, ninguém para e pensa: "Afinal, qual é o problema de comunicação e como resolvê-lo?".

Quando a comunicação é deficiente, as pessoas não compreendem o que é para ser feito. Por constrangimento, evitam revelar que não entenderam o que o chefe falou. Dessa forma, fazem coisas inapropriadas e comprometem as operações da empresa. Em casos mais graves, geram grandes prejuízos.

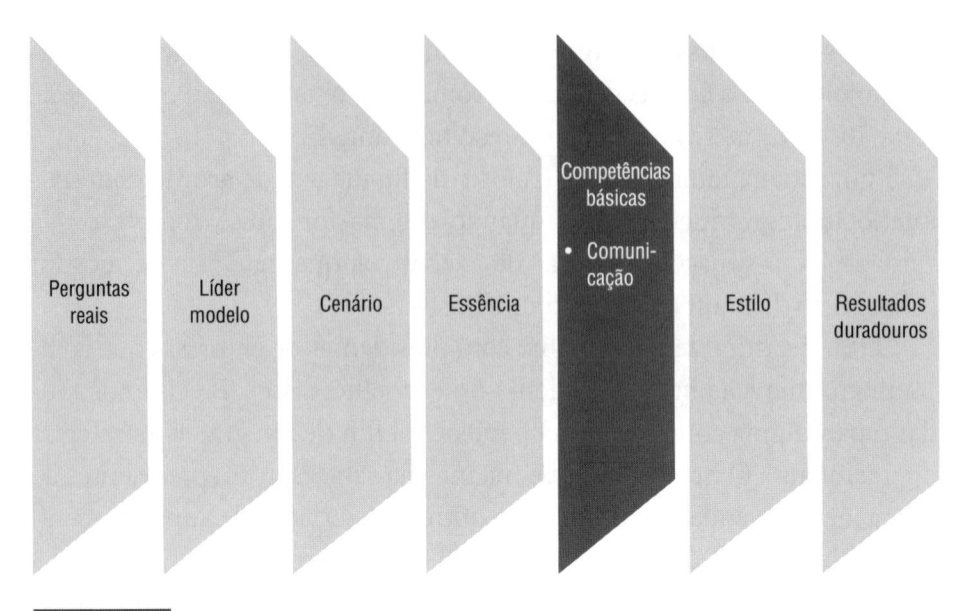

FIGURA 6-5 O caminho do líder transformador e a competência de comunicação.

Perguntas reais | Líder modelo | Cenário | Essência | Competências básicas • Comunicação | Estilo | Resultados duradouros

Isso acontece porque os profissionais não imaginam que há uma forma específica de comunicação a ser utilizada dentro da empresa. Essa comunicação possui uma estrutura que, se respeitada, fará todos se comunicarem de maneira clara e rápida, o que é fundamental para otimizar as ações. Afinal, se quisermos fazer mais no mesmo tempo disponível, temos de ser capazes de falar de forma rápida, sem deixar que se perca o conteúdo da mensagem.

Essa estrutura é chamada de "comunicação executiva" e deve ser conhecida e praticada por todos, principalmente por líderes, para que as mensagens sejam passadas de forma sintética, porém correta e claramente.

A comunicação executiva é composta por quatro elementos básicos: propósito, objetivo, alternativas e critério.

Comunicação executiva			
Propósito	Objetivo	Alternativas	Critério

TENHA SEMPRE FOCO NO PROPÓSITO MAIOR

A maioria das pessoas está insatisfeita na empresa em que trabalha, e a maioria estará insatisfeita em qualquer lugar, pelo simples motivo de que não possui um propósito.

Empresas têm propósitos. O líder é o guardião dos propósitos dela.

Comunicação executiva			
Propósito	Objetivo	Alternativas	Critério

Quanto mais relevante, marcante e inspirador for um propósito, maior a chance de atrair pessoas com vontade de contribuir com ele.

Todos precisam ter um propósito para guiar suas vidas, mas somente quem tem esse propósito claro é capaz de reunir as pessoas em torno de sua realização.

Vamos pensar de um modo mais abrangente. Para isso, utilizemos o exemplo de Madre Teresa de Calcutá. Entre seus nobres propósitos, destaca-se:

"Eu quero assegurar que um paciente pobre terminal tenha uma morte digna. E isso significa que ele deve estar em uma cama com lençóis limpos e com uma pessoa ao lado dele. Preferencialmente segurando sua mão no momento em que fechar os olhos."

Você consegue ver a cena?

Um propósito, para existir, tem de ser comunicado na forma de uma cena tanto quanto possível. Quanto maior a habilidade de um líder de transformar seu propósito em uma cena, maior sua capacidade de se fazer compreender.

É evidente que, se eu digo que as pessoas devem ter um propósito para guiá-las e dou o exemplo de Madre Teresa, a pergunta é: Mas eu tenho de ter um propósito desse tamanho?

Não! Na verdade, o propósito do indivíduo pode ser tão centrado em si mesmo quanto era o de Ayrton Senna, quando chegou à Fórmula 1.

Aqueles que tiveram o privilégio de ver Ayrton correr perceberam sua evolução ao longo dos anos. Quando ingressou na Fórmula 1, seu propósito era ganhar corridas. Tanto assim que, mais de uma vez, Ayrton bateu quando estava em segundo ou terceiro lugar, porque ultrapassou o limite do carro. Até que, finalmente, em 1985, ele venceu sua primeira corrida: o Grande Prêmio de Estoril, em Portugal.

Passado algum tempo, ele percebeu que seu propósito não poderia mais ser ganhar corridas, mas sim ser campeão do mundo de Fórmula 1. E com esse propósito em vista, por vezes chegar em segundo, terceiro ou até mesmo sexto lugar fazia sentido, pois assim somaria pontos para o campeonato – note-se que naqueles anos somente até o sexto lugar pontuava na Fórmula 1.

Finalmente, após uma batalha duríssima na temporada de 1988, Ayrton Senna sagrou-se campeão mundial. Foi um momento de grande comoção para todos os brasileiros. Em meio às entrevistas, surgiu a pergunta: "Ayrton, e agora? Você é campeão do mundo de Fórmula 1. O que você deseja?". E ele respondeu: "Eu andei pensando e desejo... ser bicampeão de Fórmula 1.".

Novamente duras, nem sempre leais, batalhas nas corridas até que, em 1990, Ayrton Senna sagrou-se bicampeão da categoria. Ayrton, já um herói nacional, é colocado novamente diante da pergunta: "Ayrton, e agora? Você é bicampeão de Fórmula 1. O que você deseja?". E ele respondeu: "Eu andei pensando e desejo... ser tricampeão de Fórmula 1.".

E assim ocorreu logo no ano seguinte. As mesmas cenas se repetiram e, já na expectativa da resposta, os repórteres lhe perguntam: "Ayrton, você é tricampeão de Fórmula 1. E agora? Deseja ser tetracampeão?".

E a resposta dele, não apenas naquela entrevista, mas ao longo dos anos seguintes, foi: "Não! Digo, sim, eu desejo ser tetracampeão de Fórmula 1. Mas descobri que cheguei até aqui porque tive oportunidades. Porque minha família e meus amigos me deram a oportunidade de ter essa vida extraordinária. Por isso, a partir de agora, penso que meu propósito é auxiliar crianças e adolescentes a terem oportunidades de ter uma vida tão extraordinária quanto a minha.".

Infelizmente, Ayrton foi somente o embrião dessa ideia, que se materializou após sua morte por meio do extraordinário trabalho de sua irmã, Viviane Senna. Foi ela quem criou a Fundação e o Instituto Ayrton Senna, que têm como propósito auxiliar a formação de crianças e jovens. E usa, para essa tarefa, os *royalties* dos produtos gerados pela marca Ayrton Senna.

O que a história de Senna ensina é que você pode ter um propósito tão centrado em si quanto queira. Quando você cumprir esse propósito, provavelmente abrirá caminho para outros cada vez mais elevados.

Outro fato importante é que você não nasce com um propósito predeterminado e pode mudá-lo o quanto desejar. A ideia de que devemos seguir um único propósito na vida é limitante e contrária às transformações que nosso amadurecimento e o mundo nos impõem.

E, por último, se seu propósito for tão marcante, relevante e inspirador quanto os de Madre Teresa ou de Ayrton, ele transcenderá sua existência física. O corpo físico se vai, mas seu propósito continuará mais vivo do que nunca.

Finalmente, se seu propósito for empresarial, saiba que são esses os propósitos que normalmente transformam o mundo.

Qual era o propósito de Bill Gates quando fundou a Microsoft? Dizia ele: "Eu quero assegurar um computador para cada pessoa. Quer seja em seu trabalho, quer seja em sua casa. Porque um ser humano com um computador na frente tem mais oportunidades".

Como seria escrever este livro sem computador, sistema operacional, editor de texto e internet? De fato, um computador gera mais oportunidades, e esse propósito é importante para todas as pessoas.

Aqui está o ponto-chave dos propósitos empresariais: eles resolvem problemas! Essa é a principal razão de ser de uma empresa. Dessa forma:

- a Apple existe para tornar a tecnologia simples de usar;
- o Facebook, para conectar pessoas;
- o Google, para que seja possível encontrar o que for preciso, onde quer que esteja e de maneira organizada.

Seres humanos precisam de contribuição para resolver seus problemas. E as empresas são as organizações que mais constroem soluções por meio de produtos e serviços disponibilizados a seus clientes.

Portanto, o líder deve ser o guardião dos propósitos da empresa, ser capaz de expressá-los em todas as situações.

Quando não está claro às pessoas qual o propósito da empresa, elas passam a acreditar que o propósito é unicamente ganhar dinheiro. E essa não pode ser a razão principal da existência de uma companhia, pelo simples motivo de que interessaria somente aos acionistas, aos empregados, aos sindicatos e ao governo – que são aqueles que, de um modo ou de outro, ganham dinheiro com a empresa. É claro que esse é um propósito válido para essas pessoas. Mas não é por conta dele que os clientes compram os produtos e os serviços da empresa. Então, esse não pode ser o propósito maior. Você não verá ninguém comprar um Microsoft Office porque deseja que o Bill Gates seja o homem mais rico do mundo. Quem compra esse programa o faz para resolver um problema que esteja enfrentando em seu dia a dia com os computadores.

Quando as pessoas pensam que o único propósito de seu trabalho é fazer a empresa ganhar dinheiro, em geral perdem a motivação. E a empresa, quando pensa dessa maneira, perde clientes.

Portanto, o que de fato lidera uma empresa é seu propósito. E o líder deve carregar sua chama acesa até passá-la para o líder seguinte. Por essa razão, a principal função de um líder é formar novos líderes, e não apenas simples seguidores. Desse modo, Jesus Cristo foi um líder exemplar, cuja formação de novos líderes, de acordo com seu propósito, continua até os dias de hoje, mesmo tendo passado mais de 2 mil anos de sua existência.

Portanto, respondendo à pergunta que fiz anteriormente: o que de Jesus está vivo até hoje é seu propósito!

O bom líder deve saber responder a algumas perguntas básicas, mas fundamentais:

– Qual o propósito maior da empresa? Exemplos:
- Fazer as pessoas emagrecerem com saúde.
- Oferecer um cruzeiro inesquecível para as pessoas.
- Proporcionar que pessoas de menor renda viajem de avião.
- Oferecer às pessoas o melhor café do mundo.
- Registrar a história das pessoas em fotos com efeitos especiais.

No livro *A organização exponencial*, de Salim Ismael, Michael S. Malone e Yuri Geest, publicado pela HSM Educação Corporativa, os autores destacam

que as empresas atuais buscam um "propósito transformador massivo", ou seja, aquele que atinge um número gigantesco de pessoas.
Exemplos:

- Possibilitar às pessoas verem a vida pela lente de outra (da empresa Periscope).
- Impactar positivamente a vida de um bilhão de pessoas (Singularity University).
- Ideias que merecem ser espalhadas (TED).
- Organizar as informações do mundo (Google).

– Quais os demais propósitos da empresa? Exemplos:
- Gerar renda para os acionistas.
- Gerar empregos.
- Cumprir as leis.
- Ser a maior empresa em seu setor.
- Crescer.
- Desenvolver a comunidade a seu redor em um raio de 100 quilômetros.

– Qual o propósito do departamento sob sua responsabilidade? Exemplos:
- Minimizar os riscos jurídicos das operações da empresa.
- Assegurar que todos os produtos sejam feitos de acordo com as especificações.
- Entregar os produtos fabricados pela empresa no prazo.
- Atender aos clientes com rapidez e presteza.

– Qual o propósito de cada tarefa sob sua responsabilidade? Exemplos:
- Pagar os tributos no prazo e cumprir a legislação.
- Assegurar que a operação será feita com segurança.
- Escrever o relatório financeiro periodicamente.
- Fazer o balanço de acordo com as regras contábeis.

– Qual o seu propósito?

Essa é uma pergunta para toda a vida de um líder. Não se preocupe em respondê-la rapidamente. Apenas se preocupe em ter um propósito elevado que possibilite:

- a construção de algo como sua carreira, seu departamento, uma nova oportunidade, por exemplo;
- seu crescimento e de todos ao redor, ou seja, o amadurecimento, o preparo para o futuro e sua prosperidade;
- a coexistência com outras pessoas e outros propósitos. Por exemplo, pessoas em outros departamentos, clientes, fornecedores, comunidade e a prosperidade dos demais.

Assim, a cada evento, você deve começar falando sobre o propósito que deseja cumprir. Esse é o primeiro elemento da estrutura da comunicação efetiva de um líder transformador.

DEFINA O OBJETIVO COM PRECISÃO

Comunicação executiva			
Propósito	Objetivo	Alternativas	Critério

Após definir o propósito, o segundo elemento da comunicação executiva é o objetivo.

Qual a diferença entre ambos? Se o propósito é uma cena, o objetivo coloca números nessa cena.

Por exemplo, se desejo dar condições para que pacientes pobres terminais tenham uma morte digna, as quais defino como "ele deve estar em uma cama com lençóis limpos e um voluntário ao lado", então, para este ano, o objetivo pode ser, por exemplo, ter um hospital com 500 leitos e capacidade para atender a 500 pacientes pobres terminais simultaneamente. No ano que vem, o objetivo poderá ser ter dois hospitais com mil leitos e capacidade para atender a mil pacientes, e assim por diante. Ou seja, para cumprir um propósito, tenho de estabelecer um conjunto sucessivo de objetivos que deverão ser atingidos.

O melhor método para definir bem um objetivo é por meio das respostas a perguntas bem específicas. O método que considero mais poderoso é formado pelas respostas a duas perguntas básicas:

1. O que é para acontecer?
2. Quando?

Exemplo: "Em primeiro lugar, acredito que essa nação deve se comprometer consigo mesma em atingir o objetivo de, antes que esta década termine, fazer pousar um homem na Lua e trazê-lo de volta à Terra a salvo." – John Kennedy, presidente dos Estados Unidos, em 25 de maio de 1961.

Outro método apropriado é formado pelas respostas a três perguntas:

1. O quê?
2. Para quem?
3. Quando?

Exemplo: "O relatório contábil deste mês deve ser impresso em três vias e entregue para o diretor financeiro até amanhã às 18 horas.".

Quanto maior sua capacidade de transformar o objetivo em uma cena visível a todos, maior o entendimento das pessoas a respeito do que você deseja.

Por exemplo, você pode definir um objetivo como "Nossa empresa tem de estar certificada pelas normas da série ISO 9000 até o dia 31 de julho deste ano".

Essa mensagem é clara a respeito do que é para acontecer e quando. Mas você poderia ter definido de forma muito mais visível o que pretende se dissesse: "Queremos que, nessa parede da recepção de nossa empresa, esteja pregado nosso certificado da série ISO 9000 no dia 31 de julho deste ano.".

Ao dizer isso, todos saberão de forma visível quando o objetivo tiver sido alcançado. Daria até mesmo para fazer uma celebração no dia em que o certificado fosse pregado na parede. Isso poderia efetivamente ser fotografado e registrado.

Este é o grande desafio para o gerente se fazer entender: aprender a criar imagens sobre o que deseja que seja feito.

Mesmo que você precise de um objetivo essencialmente numérico, é preferível desenhar. Por exemplo: "Por gentileza, preciso que você faça um gráfico no qual esteja representado, em barras, o orçamento trimestral previsto e, numa linha, sobreposta às barras, o orçamento realizado. Envie por *e-mail* para mim até as 16 horas.".

Está claro o que é para ser feito. Mas, se você desenhar, será muito mais simples de entender. Veja:

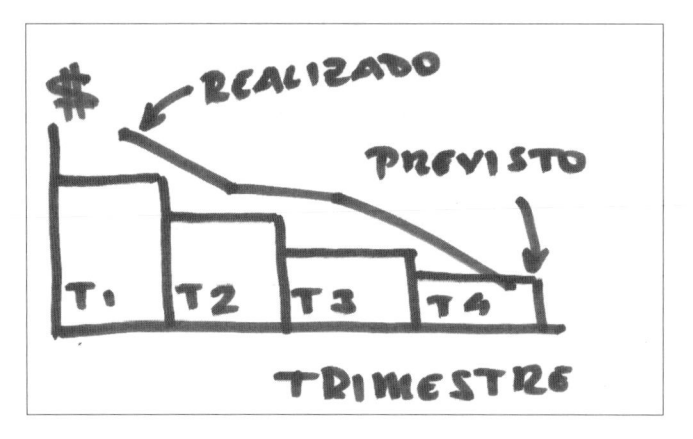

FIGURA 6-6 Exemplo de um objetivo desenhado.

Sua capacidade de fazer as pessoas compreenderem com clareza os objetivos é fundamental para que resultados duradouros sejam estabelecidos e atingidos.

Quando as pessoas não entendem as conexões entre os propósitos e os objetivos da empresa, elas fazem coisas sem sentido e, por vezes, contrárias a ambos.

Certa vez, estava conversando com a diretora de vendas de uma empresa de implementação de *softwares* de ERP (*Enterprise Resource Planning*). Estávamos na chamada "fábrica de *software*" e era uma visão e tanto. Cerca de 150 programadores sentados um ao lado do outro, cada um em seu *notebook*, concentrados e digitando freneticamente.

Em dado instante, entrou um gerente de vendas com um documento em mãos. Ele veio até nós com um largo sorriso no rosto, bateu com uma das mãos no documento e falou entusiasticamente: "Fechamos mais um!"

Ao ouvir isso, um dos programadores, que estava em silêncio, parou de digitar, levou a mão direita à testa com os olhos fechados e exclamou, visivelmente frustrado: "Puuuu... mais trabalho!".

Um profissional que faz isso é o mesmo que um torcedor de futebol que celebra o primeiro gol do time, mas, quando ocorre o segundo, diz: "Ah, não! Outro? Mas já não comemoramos o gol anterior? Já não estávamos vencendo? Estou cansado de comemorar. Para que fazer mais gols?". É alguém que não está entendendo nada do jogo.

Cabe ao líder explicar o jogo. Nesse caso, o programador não conseguia ver que não era somente seu trabalho o responsável por seu próprio salário, mas o fato de que tudo na empresa começa a partir de uma venda, ou seja, se nada é vendido, por melhor que seja a capacidade de trabalho da pessoa, ela é desnecessária. Portanto, nada é mais relevante que a venda em uma empresa. A venda é o gol! E por isso deve ser celebrada.

A partir dela a empresa precisa de profissionais que façam os produtos e os serviços chegarem aos clientes. E, ao fazê-lo, contribuirão de forma decisiva para resolver um grande problema. Esse é o propósito de a empresa existir. E são os objetivos que possibilitam isso.

Por esse motivo, algumas empresas fazem convenções em que alinham todos os funcionários da empresa, e não apenas os vendedores, às suas metas.

Lembro-me de uma convenção da Chilli Beans, marca de acessórios, especialmente óculos de sol, na qual o presidente, Caito Maia, demonstrava uma enorme preocupação em esclarecer os pilares da marca, que são: moda, música e arte.

Contudo, acima de tudo, deixava claro que todos deveriam ser mutantes e acompanhar as transformações do mundo. Para isso, lançariam uma nova linha de acessórios.

Após falar sobre o conceito, mostrou os novos óculos escuros, óculos de grau e relógios.

Em seguida, deu dia e hora em que a marca apareceria em eventos de moda, na TV, e deixou claro quanto investiria em redes sociais, como Facebook, Instagram e Twitter. O detalhe é que tudo isso tinha sido solicitado pelos clientes que, por meio dos vendedores da marca, fizeram chegar seus desejos à empresa.

Somente depois o presidente da empresa falou sobre os números esperados para o ano e que seriam ainda divididos entre as regiões e as lojas específicas. Desse modo, tudo foi decomposto, do propósito até os objetivos mais específicos.

O ano que apenas começara estava mais do que esclarecido, e todos sabiam o que deveriam fazer desde o início.

O líder deve ser capaz de transmitir o jogo da empresa, seus propósitos e seus objetivos com entusiasmo e inspiração, esclarecendo qual o papel de cada um.

Portanto, propósitos e objetivos devem ser repetidos na empresa como verdadeiros mantras por seus líderes. Ao fazê-lo, ao longo do tempo as pessoas construirão os pensamentos e as ações para atingi-los e, desse modo, contribuir conscientemente para os resultados. Eles são os dois elementos que fornecem a orientação da comunicação executiva.

APRESENTE AS ALTERNATIVAS VIÁVEIS PARA ATINGIR O OBJETIVO

Comunicação executiva			
Propósito	Objetivo	Alternativas	Critério

Uma vez que, em dado momento, você tem o propósito e o objetivo estabelecidos, agora é hora de falar sobre as alternativas que existem para atingi-los.

Uma alternativa é composta por:

- Pessoas envolvidas: quem são os profissionais que trabalharão para atingir o objetivo?
- Estruturas: quais são os equipamentos – por exemplo, computadores, máquinas, salas – necessários para que as pessoas façam seu trabalho? Lembre-se: Quem dá a missão dá os meios!

- Valores envolvidos: qual o custo total dessa operação?
- Qual o plano? As pessoas precisam saber a sequência de eventos que serão realizados para que o objetivo seja atingido.
- Quanto tempo leva? Mesmo que a data do objetivo esteja claramente estabelecida, você precisa assegurar que a execução do plano proposto esteja de acordo com o desejado e, se possível, antecipar a execução para que haja tempo de lidar com possíveis imprevistos.

Certa vez, tive a oportunidade de participar do grupo de gestores que implementaria as normas ISO 9000 na empresa em que trabalhava. O propósito era fazer nossos produtos e serviços com um sistema de qualidade internacional que assegurasse uniformidade a eles. Para isso, foi estabelecido o objetivo de termos o certificado da ISO 9000 no dia 31 de agosto do ano seguinte. Tínhamos exatamente um ano para fazê-lo.

As alternativas que foram construídas para atingir esse objetivo foram:

1. Fazer somente com pessoal interno. Pessoas envolvidas diretamente no processo: 20 líderes da empresa, 12 funcionários, todos analistas seniores, que seriam treinados para ser especialistas no tema. Além de todos os 600 funcionários, que seriam conscientizados e treinados no programa. Estrutura: uma sala de reunião para até 32 pessoas e um auditório para os anúncios do programa aos 600 funcionários. Valor: R$ 100.000,00. O plano, em síntese, envolvia o treino dos funcionários, as palestras de conscientização dos líderes, a coleta de dados da situação atual da empresa, a definição da situação futura, o plano de ajustes para cada área, a implementação do plano, a pré-auditoria, as correções, a auditoria, a validação e a certificação. Esse plano completo levaria 250 dias.
2. Fazer com o máximo de consultores externos. Pessoas envolvidas diretamente no processo: 20 líderes da empresa, nove consultores externos, três analistas seniores, funcionários internos. As estruturas seriam as mesmas da opção anterior. Valor: R$ 200.000,00. O plano exigiria menor tempo de treino dos funcionários internos, e sua execução teria uma duração de 180 dias.

3. A terceira opção era fazer uma equipe formada por 50% de consultores externos e 50% de funcionários da empresa. O que mudaria em relação à opção 1 é que seriam, portanto, seis analistas juniores internos e seis consultores. Os consultores teriam também a função de capacitar os analistas juniores para a tarefa. O valor era de R$ 150.000,00. E o plano teria uma duração de 210 dias.

Quando uma alternativa é construída, é fundamental assegurar que, de fato, atinja o objetivo proposto. Portanto, as pessoas envolvidas em sua construção devem ter profundo conhecimento a respeito de cada detalhe.

No exemplo acima, observe que, em todas as alternativas, a certificação ocorreria dentro do prazo. E os envolvidos eram conhecedores do tema ou seriam treinados a respeito. Portanto, o conhecimento necessário para assegurar a realização do plano e o tempo estavam detalhadamente descritos. As estruturas e o orçamento também foram estipulados. Essas evidências são importantes para assegurar que a opção é válida para ser considerada se for a melhor em dado instante da empresa.

A análise cuidadosa do momento em que a companhia se encontra definirá o melhor critério a ser utilizado para escolher a alternativa certa.

UTILIZE CRITÉRIOS SÓLIDOS PARA DEFINIR A MELHOR ALTERNATIVA

Comunicação executiva			
Propósito	Objetivo	Alternativas	**Critério**

Uma vez construídas as alternativas, é o momento de definir qual delas é a melhor. Para isso, temos de responder a outra pergunta: qual é o critério de escolha? O critério mais sólido para escolher uma alternativa é aquele que, pela análise do momento atual da empresa, demonstra-se o mais apropriado.

Por exemplo, a empresa pode estar em uma fase de contração. Nesse caso, o critério "menor custo" pode ser o mais indicado.

No entanto, se a companhia estiver expandindo e conquistando novos mercados, provavelmente o critério "menor tempo" será o mais efetivo.

Agora, se a companhia estiver com profissionais muito novos, que precisam adquirir mais conhecimento, o critério "capacitação de pessoas" será predominante.

No exemplo anterior, pelo critério "menor custo", a alternativa (1) é a que deve ser escolhida. Pelo critério "menor tempo", seria a alternativa (2). E pelo critério "capacitação de pessoas", seria a alternativa (3).

Quando o líder deixa claro qual é seu critério para selecionar a opção que atinge o objetivo, todos são capazes de construir seu pensamento, pois saberão qual o propósito a ser cumprido, qual o objetivo a ser atingido, quais as alternativas e qual o critério adotado.

Construir o pensamento significa que, se alguém identificar que uma pessoa, em meio à execução do plano, tem uma dúvida a respeito do que é para ser feito, ele poderá dizer esses elementos na sequência, para clarificar o que está por trás de cada ação.

Portanto, a estrutura completa da comunicação executiva é composta por: propósito, objetivo, alternativas e critério. E a melhor forma de utilizá-la é observar e fazer a seguinte distinção de momentos quando é necessário comunicar algo:

1. **Solicitação de construção de alternativas de ação:** quando o líder precisa solicitar a seu time que resolva um problema. Nesse caso, ele deve falar somente o propósito e o objetivo.

Por exemplo, o gerente chama seus supervisores e diz o seguinte: "Senhores, é propósito de nossa empresa que todos os nossos produtos e serviços sejam feitos com uniformidade. Para isso, precisamos estar certificados pelas normas da ISO 9000 até o dia 31 de agosto do ano que vem. Gostaria que vocês construíssem as alternativas para que isso ocorra. De quanto tempo vocês precisam?".

Vamos supor que os supervisores peçam uma semana de prazo. Nesse caso, uma nova reunião é marcada dentro de uma semana para que as alternativas sejam apresentadas e uma decisão seja tomada.

Nesse momento se encerra a solicitação de construção de alternativas de ação.

2. **Construção das alternativas.** Esse é o momento no qual os supervisores se reúnem para construir as opções que existem para que o objetivo solicitado seja atingido. Nessa reunião, o supervisor que estiver liderando o grupo deve comunicar o propósito e o objetivo e abrir os debates para que as pessoas falem de suas ideias.

Um dos participantes pode dizer algo como: "Já estive em uma empresa na qual o processo foi feito predominantemente com funcionários e somente um consultor externo. Acho que daria para fazer o mesmo aqui.". O líder da reunião deveria responder com algo do tipo: "Você acha? Então vá verificar. De quanto tempo você precisa para ter essa opção completamente desenhada?". Vamos supor que o participante diga: "Preciso de um dia.". E o líder da reunião responde: "Então, retorne aqui com a opção completa amanhã.".

Outro participante diz: "Acho melhor fazermos um grupo formado com 90% de consultores externos, afinal, nosso pessoal está muito sobrecarregado.". Novamente, o líder da reunião deve solicitar que esse participante construa a alternativa completamente até o dia seguinte.

E, finalmente, um supervisor diz: "Penso que devemos mesclar o time que fará a implementação, com 50% de consultores externos e 50% de funcionários nossos, mas analistas juniores e que serão capacitados pelos consultores. Em um dia, direi a vocês se é possível.". Em 24 horas, ele deverá ter essa alternativa pronta.

Um dia depois, estarão todos novamente reunidos e com as alternativas detalhadas.

É importante o grupo verificar se, de fato, todas as alternativas estão completas e assegurar que atingem o objetivo no tempo determinado.

Agora é o momento de escolher, dentro do grupo, qual alternativa é a mais apropriada em função do momento da empresa. Para isso, é preciso definir o critério mais adequado ao momento da empresa. Por exemplo: pelo critério "menor custo", a melhor alternativa é a primeira (fazer a implementação com funcionários internos). E, como a empresa está em uma fase de contração, eles entendem que essa é a melhor opção.

Quando o grupo que desenhou as alternativas chega à conclusão de qual considera a melhor, é chegado o fim da fase de construção das alternativas. Observe que agora existem: o propósito, o objetivo, as alternativas e um critério. Ainda não há, porém, a decisão definitiva a respeito.

3. **Reunião de decisão.** Agora é o momento de apresentação das alternativas para quem decide. O porta-voz do grupo de supervisores apresenta as alternativas e qual eles consideram a mais apropriada em função do critério "menor custo".

Nessa reunião, além do gerente que solicitou as alternativas, estão também os gerentes financeiro, jurídico, de recursos humanos e de qualidade.

Todos estão diante do propósito, do objetivo, das alternativas e do critério proposto.

Nesse momento, os debates estão abertos e podem ser acalorados. Os gerentes devem decidir entre as alternativas (1), (2) ou (3). Não é válido dizer que não escolhe nenhuma dessas opções e que gostaria de ver outra. Isso porque a fase de construção das alternativas já passou, e a hora é de decidir.

O gerente de RH possui evidências consistentes de que a empresa está com um grupo muito jovem de funcionários, e isso tem acarretado problemas que afetam o resultado. Por conta disso, demonstra que, pelo critério "capacitação de pessoas", a alternativa (3) é a mais indicada.

O gerente financeiro, apesar de ser favorável à primeira alternativa, a de "menor custo", observa que as evidências apresentadas pelo gerente de RH de fato são sólidas. Nesse instante, ele faz a seguinte observação: "Pelo critério 'menor custo', a alternativa (1) é a mais apropriada, mas pelo critério 'capacitação de pessoas', estou alinhado com o gerente de RH e, portanto, devemos ficar com a alternativa (3).".

E o grupo decide, então, que a opção (3), ou seja, montar a equipe com 50% de consultores externos e 50% de funcionários, analistas juniores, é a escolhida!

Alinhar decisões em uma empresa por vezes significa abrir mão de seu critério de escolha e aceitar aquele que o outro está propondo. Essa é uma das competências mais necessárias entre os líderes de uma companhia.

Aqui está a importância da comunicação executiva: todos os líderes devem falar o mesmo para os funcionários.

Imagine que esse gerente financeiro, ao sair da reunião, encontre com um supervisor de sua área, que sabia que ele lutaria pela opção "menor custo". E, ao ser questionado por que aceitou a opção mais cara, responda: "Eu não queria, mas sabe como é o gerente de RH, sempre usa seu carisma para convencer a todos, e acabamos optando pela alternativa dele.".

Esse comportamento literalmente destrói o espírito de um grupo de líderes. As pessoas começam a perceber que há subgrupos na liderança da empresa que não se dão bem entre si. Os funcionários começam a escolher a qual subgrupo pertencerão, e a unidade da empresa é perdida.

Por outro lado, se esse gerente estivesse consciente de seu papel e soubesse como usar os elementos da comunicação executiva, a resposta teria sido: "Sim, de fato, quando entrei na reunião pensava que a melhor alternativa fosse a (1), pelo critério 'menor custo'. Entretanto, o gerente de RH mostrou com números que o momento atual exige aprimorar nossos funcionários e, portanto, pelo critério 'capacitação de pessoas', estou alinhado com ele. E peço a você que faça o mesmo.".

Ou seja, todos os líderes, a partir de uma decisão, devem ser capazes de explicá-la completamente e deixar claro que estão alinhados com ela.

4. **Implementação.** Essa é a fase na qual a alternativa escolhida é implementada. Nesse momento, todos os envolvidos devem ser capazes de comunicar o pensamento que está por trás das ações, ou seja, o propósito, o objetivo e a alternativa escolhida por conta de qual critério.

Por exemplo: "Nosso propósito aqui é que todos os nossos produtos sejam feitos com uniformidade. Para isso, nosso objetivo é que estejamos certificados pelas normas da série ISO 9000 até 31 de agosto do ano que vem. Portanto, queremos ver pregado um certificado ISO 9000, na parede da recepção da empresa, nessa data. Faremos isso com um time formado por 50% de consultores externos e 50% de funcionários. Desse modo, nossos analistas juniores serão capacitados no decorrer do processo; esse foi o critério que utilizamos para escolher esse plano.".

Uma mensagem muito clara.

Normalmente, nas empresas, os líderes querem, numa mesma reunião: solicitar uma ação, desenhar as alternativas, decidir e partir para a implementação. A menos que o problema seja muito simples, o resultado provavelmente não será consistente, haverá muito erros e retrabalhos.

Por outro lado, os gestores dão um grande salto em seu desempenho e na qualidade dos resultados quando utilizam a comunicação apropriada para fazer cada uma dessas etapas separadamente.

O sucesso da comunicação executiva é diretamente proporcional à disciplina das pessoas em utilizar essa estrutura. Entretanto, embora em um primeiro momento não pareça natural a quem a utiliza, ela não pode ser vista como algo rígido e que tire a autenticidade da pessoa na comunicação. O principal é verificar se, especialmente, o propósito e o objetivo estão presentes e claros a todos.

Desse modo, ao utilizar a comunicação executiva, o líder organiza as ações de momento a momento para atingir os resultados desejados. E todos são capazes de compreendê-lo e agir conscientemente.

FAÇA A DELEGAÇÃO COM CONFIANÇA

Delegação é uma competência normalmente apresentada aos líderes como a solução de seus problemas, ou seja, se quiserem liderar, têm de aprender a delegar.

Entretanto, quando delegam, o resultado acaba sendo terrível na maioria das vezes: as pessoas não fazem as tarefas como deveriam, a qualidade não é aceitável e os prazos não são cumpridos. Isso faz o gestor trabalhar dobrado, ou seja, fazer a tarefa com seus funcionários. Nos piores casos, o gerente, por medo de ser mal avaliado, faz o trabalho pelo funcionário.

A causa desse problema é que o líder acredita que delegar é um evento, quando na verdade se trata de um processo. E é um processo de quatro etapas: nas duas primeiras, em vez de ganhar tempo, o gestor gasta tempo.

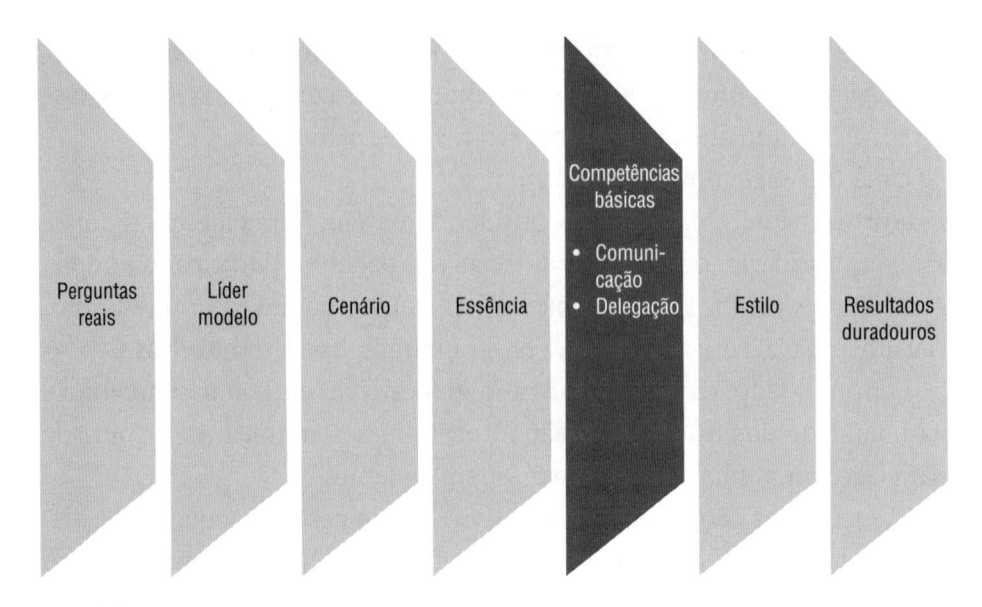

FIGURA 6-7 O caminho do líder transformador e a competência de delegação.

No entanto, se não as fizer corretamente, nunca conseguirá delegar com confiança para as pessoas de seu time.

Em primeiro lugar, o gerente deve saber qual tarefa deve ser delegada e a qual pessoa de sua equipe. Uma vez que definiu quem deverá fazer o quê, poderá começar o processo de delegação.

O processo a seguir é um desdobramento da teoria do ciclo de vida, de Hersey e Blanchard – consultores especialistas em liderança situacional, autores de livros sobre o tema –, também conhecido como modelo de maturidade M1, M2, M3 e M4.

A PRIMEIRA ETAPA DO PROCESSO DE DELEGAÇÃO É CHAMADA DE DIREÇÃO

Delegação			
Direção	Treinamento	Apoio	Delegação propriamente dita

Nela, o líder deve estar ao lado de seu funcionário e ser extremamente diretivo, ou seja, o líder deve mostrar para a pessoa o que quer que seja feito. Em alguns casos, terá de fazer, para deixar isso bem claro. Nesse momento, ele deve conversar com seu funcionário e passar três informações fundamentais:

1. **Logística:** é tudo aquilo de que a pessoa precisa para fazer a tarefa. Computadores, sistemas, senhas, telefones de contato, enfim, se você pensar no momento inicial da tarefa, quais elementos precisam estar presentes para que seja executada.
2. **Passo a passo:** é a mecânica da tarefa, ou seja, a sequência de ações que devem ser feitas do começo ao fim da tarefa.

De certo modo, é intuitivo que, se pretende delegar uma tarefa a alguém, você seja capaz de informar o que ela precisa (logística) e o que é para fazer (passo a passo). Contudo, o que se vê é que, em geral, os líderes deixam as pessoas aprenderem sozinhas e, como resultado, elas demoram a desenvolver as tarefas, o que as deixa inseguras.

3. **Modelo mental requerido para fazer a tarefa:** é o que você, líder, pensa no momento em que faz a tarefa. É o fator mais importante no momento de delegar, é o conhecimento mais importante a ser transmitido. No que você presta atenção? Quais são os detalhes que você observa? Quais as manhas, os macetes para fazer a tarefa?

Quando o líder não se preocupa em transmitir seu modo de pensar, vive uma experiência de quem está cercado por pessoas que não são muito inteligentes. Afinal, quando ele faz, a tarefa dá certo, mas quando outra pessoa faz, dá errado.

Na verdade, nosso pensamento é complexo. Formado por imagens, sons, lembranças e intuições. Entretanto, quando temos de comunicá-lo a uma pessoa, instruindo-a em como fazer algo, devemos traduzir nosso pensamento em uma sequência de ações, em passos, em um método. É por meio dessa preocupação que o líder se torna compreensível.

Uma pessoa que está sendo líder pela primeira vez deverá seguir essa etapa com rigor. Afinal, passará para seu liderado algo muito técnico. Quanto maior seu nível na hierarquia da empresa – por exemplo, um diretor –, mais essa etapa será a respeito do modelo mental. Afinal, mesmo que você contrate um gerente formado por uma excelente universidade, não existe MBA que ensine a pensar da forma como você pensa.

Certa vez, em meio a um processo de *coaching*, o diretor de uma agência de propaganda no interior de Minas Gerais, ao me ouvir explicar essa etapa da delegação, disse-me que seria impossível aplicá-la.

Ele esclareceu que, em sua área de atuação, a rotatividade era alta e que, se tivesse de parar o que estivesse fazendo para mostrar o que fazer para cada gerente que chegasse, ele perderia um tempo muito grande.

Perguntei-lhe então se não havia uma forma diferente de passar esse conhecimento para os gerentes que chegavam e, após algum tempo, ele teve uma ideia muito boa: com um *smartphone,* gravou a si mesmo explicando aos gerentes cada uma das tarefas, apresentando todos os detalhes da logística, mecânica e, principalmente, o modelo mental requerido para a tarefa.

Então, colocou esses vídeos no YouTube, acrescentou uma senha de acesso e, a partir daquele momento, cada gerente que ingressava na empresa assistia ao vídeo correspondente à tarefa. Isso o fez economizar muito tempo, e os gerentes passaram a entender muito melhor o que era para ser feito.

Pode ser que você não tenha essa possibilidade de gravar um vídeo e deixá-lo disponível a seus subordinados, mas é importante ter, em algum lugar, o registro de como uma tarefa deve ser feita. Ao menos o que você espera dela.

Uma boa solução é usar o método da comunicação executiva e esclarecer: qual o propósito da tarefa, o objetivo, como você faz (a sua opção preferida) e que critério você usa para fazê-la.

Se você faz sozinho uma tarefa em 15 minutos, imagine quanto tempo demorará para executá-la e ainda conversar com seu funcionário sobre a logística, o passo a passo e o modelo mental requerido. Provavelmente, cerca de uma hora.

Portanto, é real a sensação que alguns gestores têm de que, se fizerem a tarefa, será mais rápido do que passá-la para um funcionário. Entretanto, se ela for uma ação repetitiva, é evidente que é melhor investir nesse diálogo para, depois, ter mais tempo disponível para questões gerenciais.

A SEGUNDA ETAPA DA DELEGAÇÃO É CHAMADA DE TREINAMENTO

Delegação			
Direção	Treinamento	Apoio	Delegação propriamente dita

Agora os papéis ficam mais rigorosos, ou seja, o líder continua ao lado do funcionário, mas é sempre esse último que fará a tarefa.

Durante essa etapa, o gerente deverá conversar com a pessoa. E a conversa será uma sequência de perguntas para ver se ela entendeu a logística, a mecânica e o modelo mental.

Entretanto, é preciso cuidado. Nesse momento, qual é a pergunta que você, líder, nunca pode fazer? A única pergunta proibida é: "Você entendeu?".

Quando você, o chefe da pessoa, perguntar isso, o que acha que ela responderá? Muito provavelmente algo como: "Sim! Entendi tudo! Pode deixar comigo!", quando, na verdade, ela não entendeu nada. Ela somente está dizendo isso porque não quer passar pelo embaraço de dizer ao chefe que não compreendeu o que você acabou de fazer e explicar.

Quando você estava na faculdade, e todo um bimestre havia se passado e chegara o momento de você fazer uma prova, por acaso o professor escrevia no teste: "Você entendeu tudo o que eu lhe ensinei de matemática?". E você colocava um "Sim" e passava de ano? É claro que não! Você fazia os exercícios para mostrar que havia entendido a matéria.

Na empresa, é a mesma coisa; o líder deve preparar perguntas para avaliar se o funcionário entendeu a logística, a mecânica e o modelo mental requerido para a tarefa. Em última análise, é o líder quem verifica se o funcionário de fato compreendeu o que é para fazer.

Novamente, nessa etapa o gestor gasta tempo. Mas é um gasto necessário e, se bem aplicado, gerará muitos dividendos mais adiante.

A TERCEIRA ETAPA DA DELEGAÇÃO É CHAMADA DE APOIO

Delegação			
Direção	Treinamento	**Apoio**	Delegação propriamente dita

Este é o primeiro momento no qual o líder visivelmente ganha tempo. O gerente agora definirá com o funcionário os pontos de controle que indicarão o andamento da tarefa.

É importante frisar: os pontos de controle (*checkpoints*) não existem para controlar o empregado, e sim para ajudar a controlar o andamento da tarefa.

A ideia aqui é que exista um momento predeterminado para que o líder veja o que está feito e se o ritmo de execução da tarefa assegurará que ela será concluída no tempo definido.

Alguns líderes, em vez de definir os pontos de controle, fiscalizam os funcionários o tempo todo. Isso é estressante para as pessoas e também não é papel do líder agir como um professor que está vigiando os alunos fazerem uma prova.

Além disso, as pessoas precisam oscilar de vez em quando, isto é, interagir para ganhar energia, trocar uma ideia. Isso é impossível de ser feito com um chefe por perto a todo instante. Fiscalizar, portanto, é um mau negócio.

Por outro lado, estabelecer pontos de controle faz que todos sejam responsabilizados a respeito do que é para entregar e quando.

O líder também deve deixar claro que, com esses *checkpoints* estabelecidos, poderá ajudar os funcionários em dificuldades a cumprir os prazos.

Certa vez, o CEO contratado por um importante grupo multinacional no setor de brinquedos definiu que, na empresa, havia somente dois erros possíveis: "não pedir ajuda" e "não ajudar". O líder deve ajudar seus funcionários a cumprir a tarefa, não fazê-la por eles, mas também não os deixar sem apoio no decorrer dela.

Os pontos de controle ajudam a encontrar quem precisa de auxílio.

Isso porque o líder é responsável pela qualidade final do trabalho, e o prazo faz parte da qualidade.

Nada pior do que ouvir um gerente dizer que algo não foi feito porque um funcionário dele está atrasado com o trabalho. Afinal, cabe a ele, gerente, resolver essa questão, oferecendo mais recursos, treinamento, ou substituindo o funcionário.

Se você passou apropriadamente seu modelo mental para a pessoa, os pontos de controle serão quantitativos, ou seja, você buscará na própria tarefa um número que informará a quantas anda o trabalho.

Vamos supor que você tenha de entregar um relatório gerencial que possui o mesmo formato todos os meses. Ele tem 40 páginas e deve ser feito sempre no último dia do mês, quando todos os dados para confeccioná-lo estão disponíveis.

É razoável estabelecer os seguintes pontos de controle:

Checkpoint 1: Às 10 horas, 10 páginas devem estar prontas.
Checkpoint 2: Às 12 horas, 20 páginas devem estar prontas.
Checkpoint 3: Às 15 horas, 30 páginas devem estar prontas
Checkpoint final: Às 18 horas, todas as 40 páginas devem estar concluídas.

Seu funcionário começa a fazer a tarefa às 8 horas da manhã. Quando for 10 horas, você tem de entrar em contato com ele. Pessoalmente, por telefone, por mensagem de texto no *smartphone*, enfim, você tem de conversar com ele sobre em que pé está a tarefa.

Antes de fazer essas cobranças, lembre-se de esclarecer exaustivamente ao funcionário de que esse é o jogo e de que é necessário para assegurar a finalização da tarefa no prazo determinado. Esses controles devem ser criados em comum acordo com as pessoas, caso contrário poderão ser vistos negativamente.

Foi isso que aconteceu em uma grande empresa de mineração, em que um gerente era muito criticado por fiscalizar as tarefas de todos no setor de logística. Ao receber esse *feedback*, ele fez um processo de *coaching* para aprender a delegar e acompanhar as tarefas somente nos *checkpoints*.

Entretanto, um de seus funcionários se recusava a aceitar os pontos de controle. Ele dizia que, se o gerente de fato confiasse nele, lhe daria a tarefa e somente o cobraria no momento em que deveria ser entregue. Os dois marcaram uma reunião às 11 horas do dia seguinte para chegarem a um acordo.

Na reunião, o funcionário disse que não concordava com as verificações e que estava desconfortável com o fato de ter de mostrar seu trabalho antes de estar concluído. O gerente pacientemente o ouviu e questionou o funcionário sobre como poderia assegurar que determinada tarefa seria feita no prazo sem os *checkpoints*.

Para dar um exemplo, o líder lembrou ao funcionário que, às 12 horas, ele deveria passar um relatório para o departamento financeiro da empresa. E aproveitou a reunião para fazer o *checkpoint*. Para azar do funcionário, ele estava atrasado na confecção do relatório e então percebeu o quão importantes e necessárias eram essas verificações periódicas. Ele ficou totalmente convencido.

Quando o líder deixa de cobrar as tarefas na hora certa, as pessoas perdem o sincronismo de suas atividades, consideram que não são importantes e, em alguns casos, se desmotivam. A delegação, portanto, possui uma conexão direta com o *follow-up*, que veremos em detalhes mais adiante.

Voltando ao exemplo, vamos supor, então, que seu funcionário, às 10 horas, venha até você e diga que as dez páginas do relatório estão prontas. Então, você deve olhar as páginas, ver se encontra algum problema e alertar a pessoa que, às 12 horas, deverão ser 20 páginas.

Ao meio-dia, novamente você verifica a tarefa. Mas, dessa vez, o funcionário lhe diz que não fez 20 páginas, mas apenas 18. Você verifica as 18 páginas e pergunta a ele se será capaz de entregar 30 páginas às 15 horas. Ele diz que sim e segue para a mesa dele.

Às 15 horas, você pergunta ao funcionário quantas páginas ele fez, e a resposta é a seguinte: "Fiz somente 25.". É nesse momento que você deve intervir.

Isso porque, se você intervier agora, auxiliará seu funcionário a fazer somente cinco páginas. Se você deixar para intervir somente às 18 horas, o relatório poderá estar incompleto, e o prazo de entrega dele estará perdido.

Portanto, quanto antes se identificar o desvio na execução de uma tarefa e o corrigir, mais segura será sua execução no prazo. Os *checkpoints* são fundamentais para que isso ocorra.

Ao estabelecer o início da tarefa, os pontos de controle e o término, o líder possuirá uma informação fundamental, que é saber quanto tempo leva cada uma das tarefas sob sua responsabilidade. Com essa informação, ele poderá, ao longo do tempo, aprimorar o desempenho de seus funcionários e cobrar por maiores recursos, se necessário.

O bom gestor tem uma ideia muito clara de quanto tempo as coisas levam para serem feitas. E está continuamente buscando aprimorá-las.

A ÚLTIMA ETAPA CHAMA-SE DELEGAÇÃO PROPRIAMENTE DITA

Delegação			
Direção	Treinamento	Apoio	Delegação propriamente dita

Nela, novamente, o líder somente entra em contato com o funcionário nos momentos estabelecidos como pontos de controle.

No entanto, como o funcionário já fez a tarefa algumas vezes e a compreende totalmente, ele pode fazer alterações no modo de realizá-la entre um ponto de controle e o seguinte. Essa mudança pode ser por causa de uma nova tecnologia, um aprendizado ou mesmo porque parte da tarefa agora não seja mais necessária.

É evidente que, se o profissional descobriu uma forma mais rápida de fazer o trabalho, na qual pode eliminar um dos pontos de controle, ele deverá combinar com o líder antes.

Quando chegar a esse ponto, ele, porém, praticamente inverteu o papel com o gerente, isto é, agora é ele quem explica ao líder como a tarefa é feita.

A delegação estará completa e feita com confiança.

GARANTA O RESULTADO POR MEIO DO *FOLLOW-UP* INDISPENSÁVEL

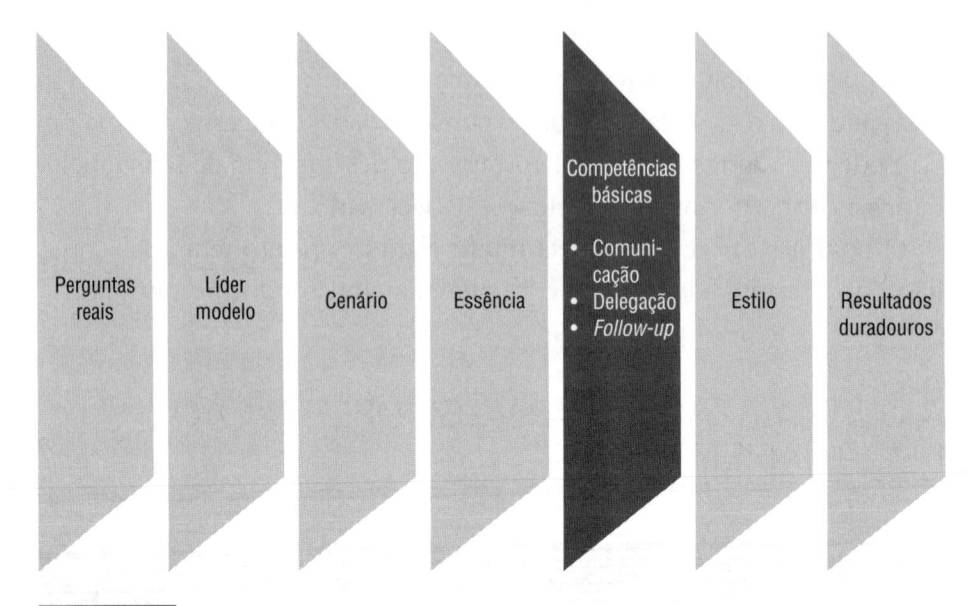

FIGURA 6-8 O caminho do líder transformador e a competência *follow-up*.

Um grave problema que temos nas empresas é que os líderes não acompanham o andamento das tarefas. Ficam distantes demais das operações e, na ânsia de ser estratégicos, esquecem de verificar periodicamente a execução das ações.

Isso causa uma grande insegurança na equipe e deveria causar o mesmo no líder. Afinal, a melhor das estratégias falhará se as ações que a implementam não forem acompanhadas.

A solução para isso é estabelecer um *follow-up* rigoroso, que tem a função de acompanhar o progresso do trabalho em direção ao resultado.

Já falamos sobre isso na parte de delegação, mas é importante repetir aqui: o líder não faz *follow-up* para controlar o empregado, mas o andamento da tarefa. Um diretor de RH, em uma empresa de consultoria, sempre se frustrava muito com seus pares, pois se comunicava com eles primordialmente por *e-mail* e depois reclamava que não faziam o que pedia.

Na verdade, ele assumia que, quando seus pares respondiam que fariam algo, então não precisava mais se preocupar.

Entretanto, se não lhe entregassem certas informações no prazo, ele seria o prejudicado. Sendo assim, parou de usar somente o *e-mail* para fazer esses pedidos e passou a ligar de tempos em tempos para os diretores, esclarecendo a importância das informações solicitadas e de sua entrega no prazo.

Aqui cabe um esclarecimento: não é apenas com os profissionais de sua equipe que o líder deve fazer o *follow-up*. Qualquer tarefa que dependa de outras pessoas, mesmo pares e superiores, deve ser acompanhada. É comum vermos gerentes constrangidos em cobrar seus diretores, mas é preciso ao menos lhes comunicar que, se determinada informação por parte deles não vier no tempo apropriado, uma tarefa sofrerá atraso.

É o *follow-up* que permite o sincronismo das ações empresariais e também as correções feitas rapidamente quando se detecta que algo não está de acordo com o planejado.

Há companhias nas quais esse comportamento é inexistente, ou seja, as pessoas são pagas para fazerem um trabalho de acordo com um plano, mas se sentem constrangidas se são cobradas a respeito dele.

Nesses casos, as pessoas não estão conscientes de que há um plano e um prazo para que a empresa apresente resultados e desconhecem seu papel para que isso ocorra. Quando o resultado não é atingido, os acionistas serão prejudicados, pois dependem dele para ter o retorno de seu investimento. Em situações mais críticas, terão de fazer ajustes na empresa para recuperá-lo, e isso significa demissão de pessoas, na maioria dos casos.

Entretanto, mesmo quando o *follow-up* ocorre, é comum encontrarmos gerentes que cobram as tarefas depois da hora em que deveriam estar concluídas. Então, é aquele desespero, todo mundo sai correndo para fazer o que deveria estar pronto ontem. Fazer o *follow-up* após o prazo de entrega não é o mesmo que acompanhar a tarefa. É preciso antecipar-se aos problemas e assegurar o rumo correto das ações diante do menor desvio.

Conheci uma fábrica de fontes de alimentação para computadores em que, de tempos em tempos, havia um mutirão para colocar as tarefas em dia. Normalmente era aos fins de semana, o que causava muito desgaste aos funcionários. Um sintoma comum em companhias em que não há acompanhamento da execução.

Para fazer o *follow-up*, a primeira coisa é estabelecer os pontos de controle. Esses *checkpoints* são momentos, isto é, data e hora, nos quais o líder contatará o funcionário e observará um número específico que informará o andamento da tarefa. O ideal é que esse número seja extraído do próprio trabalho, evitando que a pessoa tenha de parar a tarefa para gerar um relatório.

Por exemplo, em relatórios financeiros mensais, é mais fácil acompanhar o número de páginas conforme vão sendo construídos, pois, em geral, são muito similares de um mês a outro. Além disso, o funcionário, ao confeccioná-lo, automaticamente saberá dizer em qual página se encontra.

Em uma mineradora no interior de Minas Gerais, vi um caso clássico. O principal gestor, que ficava na sede, a cerca de mil quilômetros de distância, observava todas as semanas somente um número: o nível da água na represa que fornecia a energia para a mineração. Ele sabia, desde que tivesse energia elétrica, qual o volume máximo do minério que produziria por mês.

Portanto, para fazer o *follow-up,* o gestor deve combinar quando contatará o funcionário e qual número deseja verificar. Acompanhar uma tarefa por números é mais apropriado do que fazê-lo por meio de informações qualitativas ou subjetivas.

Espera-se que, se o gestor delegou apropriadamente a tarefa, ele passou o modelo mental requerido para fazê-la e, portanto, a qualidade está assegurada ou tão próxima do desejado quanto possível.

É por isso que, para controlar as vendas, por exemplo, é melhor observar os valores faturados, pois, em geral, os vendedores são mais otimistas do que a realidade das faturas expressa.

Os pontos de controle são excelentes aliados para o acompanhamento de projetos. Entretanto, imagine que um gerente possua dez funcionários ligados diretamente a ele. Se cada funcionário tiver sete tarefas sob sua responsabilidade e estabelecer quatro *checkpoints* por tarefa, o gestor terá de lidar com 280 pontos de controle.

Embora possível, o ideal é o gerente observar quais tarefas são projetos e quais são rotineiras.

Para os projetos, é aconselhável fazer o acompanhamento conforme descrevi, ou seja, por pontos de controle sucessivos: CP1, CP2, CP3 e CP-Final.

Já para tarefas rotineiras, o melhor é estabelecer uma reunião diária e de curta duração, na qual os funcionários se comunicarão com o líder da seguinte forma:

> **Sinal verde**: significa que todas as tarefas sob responsabilidade do funcionário estão no prazo, e ele não precisa da ajuda do líder. É claro que ele deverá apresentar evidências de que tudo está sob controle.
> **Sinal amarelo**: o funcionário reconhece que uma ou mais tarefas rotineiras estão fora do prazo, mas é capaz de colocá-las de volta aos trilhos. Nesse caso, o gerente deverá verificar se o prazo previsto pelo funcionário para que isso ocorra faz sentido às necessidades da empresa.
> **Sinal vermelho**: a pessoa reconhece que precisa da ajuda do líder para colocar as ações no eixo de novo. Nesse caso, nessa reunião de rotina, o gestor não vai auxiliá-lo, mas marcará um horário na agenda para isso.

Essas reuniões devem ser curtas, com duração de, no máximo, 30 minutos. Qualquer problema encontrado deve ser solucionado em uma reunião marcada posteriormente.

Por último, os funcionários que nunca tiveram de reportar em que ponto estão em suas tarefas, em geral, são muito resistentes a *follow-ups* periódicos.

Na minha experiência, o melhor a fazer é manter o diálogo e perguntar a eles o que sugerem, então, para o acompanhamento das ações, assegurando que os prazos serão cumpridos com rigor. E, caso tenham boas ideias a respeito e assegurem o acompanhamento da tarefa, teste-as primeiro antes de impor um controle como mencionado aqui.

Agora que vimos a respeito da comunicação executiva, a delegação e o *follow-up*, gostaria de responder à seguinte pergunta: como é possível que um CEO gira uma empresa cujos produtos não conhece com profundidade? Afinal, você pode estar no início de sua carreira de líder, mas deve começar a refletir a respeito de como pensam aqueles que estão acima de você na empresa, tanto para compreendê-los, quanto para contribuir com eles.

Na verdade, o CEO somente precisa saber fazer, primeiramente, a seguinte pergunta:

Qual é o propósito da empresa?

Dado esse propósito, deverá reunir-se com os gestores apropriados e perguntar:

- Departamento de marketing: qual seu propósito? Qual seu objetivo? E quais são seus pontos de controle?
- Departamento de vendas: qual seu propósito? Qual seu objetivo? E quais são seus pontos de controle?
- Departamento financeiro: qual seu propósito? Qual seu objetivo? E quais são seus pontos de controle?
- Departamento de recursos humanos: qual seu propósito? Qual seu objetivo? E quais são seus pontos de controle?

A partir daí, ele poderá fazer seu papel de CEO, questionando periodicamente:

- Departamento de vendas: em que ponto nós estamos?
- Departamento de marketing: em que ponto nós estamos?

E assim sucessivamente, em cada departamento da empresa.

Garantindo, assim, o resultado por meio do *follow-up* indispensável.

PARA ATINGIR RESULTADOS DURADOUROS, TRANSFORME O *FEEDBACK* EM ORIENTAÇÃO PRODUTIVA

Quais líderes seriam capazes de responder à seguinte pergunta: por quais doenças de meus liderados sou responsável?

Quando você, como líder, não se preocupa em como seu comportamento afeta as pessoas, acaba por estressá-las com diálogos duros e desrespeitosos. Isso acontece principalmente em momentos nos quais o gestor precisa dar um *feedback* a seu funcionário e não sabe como fazê-lo. Submetido a essa situação com frequência e por longo tempo, o colaborador pode se esgotar física, mental ou emocionalmente e, por fim, adoecer.

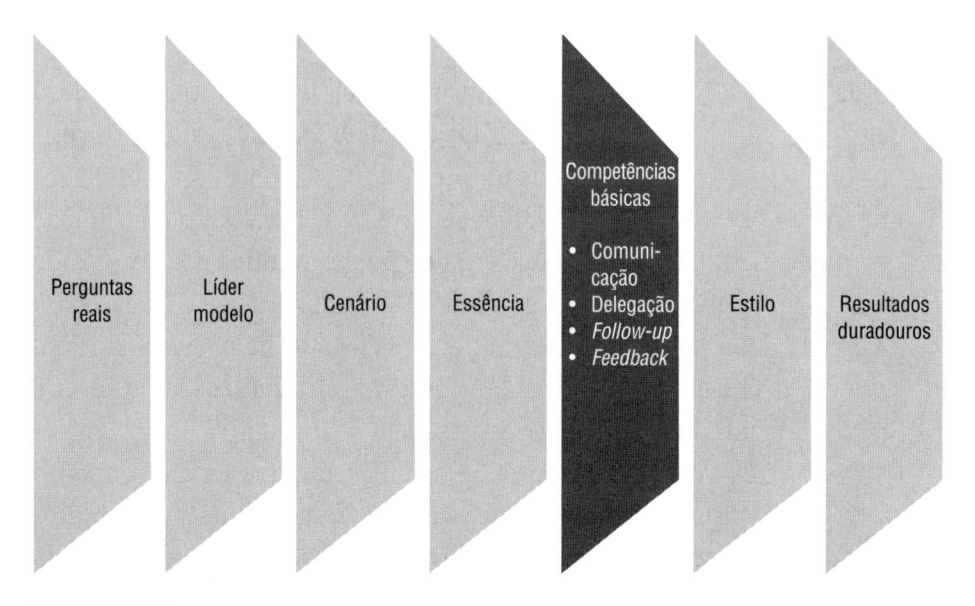

FIGURA 6-9 O caminho do líder transformador e a competência de *feedback*.

A experiência que os funcionários vivem a cada momento sob a influência de um líder impacta diretamente a lealdade dos clientes da empresa e seu crescimento. Isso ocorre porque essa vivência é propagada pelos próprios empregados até o mercado. Ela pode ser marcante, relevante e inspiradora. Ou pode ser estressante, humilhante e desencorajadora. Os momentos de *feedback* são determinantes para defini-la.

Os funcionários são responsáveis, a cada instante, por ações com o intuito de cumprir os propósitos da empresa, do departamento, da tarefa ou do líder. Toda vez que, nessa atividade, acontece algo, a fim de gerar uma oportunidade de desenvolvimento de um colaborador, é um momento de *feedback*.

São basicamente duas as situações que se configuram como oportunidades para um *feedback*: quando a ação da pessoa cumpre de maneira exemplar os propósitos estabelecidos, ou quando ocorre o contrário – ou seja, por alguma razão, o propósito não é cumprido.

É importante reforçar que o principal papel de um líder é formar outros líderes. O *feedback* é uma competência fundamental para essa tarefa. Ele é chamado de positivo para enaltecer uma ação que cumpriu um propósito de maneira marcante. E é chamado de negativo quando é feito para evitar a repetição de uma ação que não cumpre um propósito. Apesar de ser chamado de *feedback* negativo, não significa que seja ruim ou que não deva ser feito. Significa apenas que tem a função de evitar a repetição de algo que é contrário a um propósito da empresa.

Em ambos os casos, o *feedback* tem sempre de ser realizado com o foco no desenvolvimento da pessoa. Hoje em dia, porém, verificamos um grande problema ao usar essa ferramenta no dia a dia da empresa: a palavra *feedback* vem cercada de certa quantidade de preconceito, ou de resistência, além de trazer consigo uma conotação um tanto negativa. *Feedback* passou a ser, de certa forma, "sinônimo" de represália.

O nome *feedback* deriva da teoria de sistemas, em que uma informação de saída de um sistema é injetada em sua entrada para regulação do processo como um todo. Entretanto, esse termo ficou tão desgastado ao longo do tempo que é muito mal interpretado no ambiente empresarial.

Tanto assim que, se você quiser fazer um funcionário ter indigestão, é só virar para ele e dizer: "Preciso lhe dar um *feedback*, mas o farei depois do almoço!".

E se quiser encontrar seu empregado transformado em um zumbi, é só lhe dizer: "Quero lhe dar um *feedback* importante, mas estou saindo de férias. Conversamos na minha volta!".

Isso tudo porque a palavra *feedback* está muito associada a broncas do chefe e situações de muito desrespeito. Portanto, a primeira recomendação é que o líder evite, tanto quanto possível, usar o termo *feedback* e o substitua pela palavra *orientação*. Pois é disso que se trata.

Portanto, *feedback* positivo é somente uma orientação para o reforço de um comportamento desejável, e o negativo é apenas uma orientação para a mudança de um comportamento não adequado aos propósitos da empresa.

E uma orientação feita de forma apropriada é sempre bem-vinda.

O *FEEDBACK* POSITIVO: A ORIENTAÇÃO PARA QUE UM COMPORTAMENTO SEJA COPIADO

Sempre que alguém cumpre de maneira excepcional um propósito da empresa, do departamento ou de uma tarefa, é uma oportunidade para o *feedback* positivo. Ele deve ser feito preferencialmente em público, ou seja, na presença dos demais colegas do funcionário. A razão para isso é destacar os comportamentos que você quer ver repetidos na empresa. Quando você cria modelos de comportamentos, fica mais fácil evidenciar o que está pedindo.

Entretanto, ainda assim, deve-se avaliar se esse destaque causa mais constrangimento nos outros do que promove a ação que deseja. E, nesse caso, fazer a orientação em particular é ter uma estratégia para amadurecer a equipe primeiro, para que considere, no futuro, seu *feedback* positivo como ferramenta para seu desenvolvimento.

Para aprender a dar *feedbacks,* o gerente deve ter uma preocupação profunda em respeitar as pessoas. Entretanto, esse respeito não pode ser confundido com uma tolerância inadequada, na qual simplesmente não avalie de maneira verdadeira seus funcionários. Tão grave quanto não conhecer as melhores práticas de *feedback* é o líder utilizá-lo para dar ao liderado uma falsa sensação de alto desempenho.

É preferível criar condições para que as pessoas aprendam a lidar com frustrações do que criar expectativas irreais. Portanto, um ponto de atenção quanto ao *feedback* positivo é que ele deve ser verdadeiro e na medida certa – nem mais nem menos do que a realidade demonstra. É muito frustrante um indivíduo descobrir que não é tão bom quanto imaginava, porque seu líder exagerava nos *feedbacks* positivos e evitava os negativos.

Infelizmente, certa vez, em uma indústria de alimentos, tive oportunidade de conhecer um executivo que imaginava ser o sucessor natural de seu gerente. Isso porque seu histórico era de excelentes avaliações, até mesmo por parte de seus colegas de trabalho. Entretanto, quando o gerente saiu da empresa, o executivo descobriu, para sua surpresa, que os *feedbacks* positivos que recebia do gerente eram exagerados, e os que recebia dos colegas de trabalho eram irreais, porque todos pensavam que ele era "protegido" do antigo gestor e não queriam se indispor com ele.

Sua tristeza e frustração foram tão grandes, por descobrir que seu desempenho era muito abaixo do necessário para o cargo, que ele decidiu pedir demissão.

Outra situação grave que presenciei foi a de um grupo de executivos em uma empresa de tecnologia que, em razão de uma longa fase de sucesso nas vendas, chegou à conclusão de que não precisava mais de treinamento. Eles faltavam sistematicamente em todas as palestras, *workshops* e seminários organizados pelo departamento de recursos humanos para aprimoramento das lideranças. Faziam isso porque, segundo eles próprios, os *feedbacks* que recebiam do mercado, dos acionistas e de gerentes de outras áreas eram os mais positivos possíveis. Portanto, eles alegavam que já sabiam o suficiente e não precisavam de mais treinamentos.

Aqui vemos um caso extremo no qual o *feedback* positivo exagerado, principalmente em um contexto muito favorável, causou um comportamento que colocou em risco o futuro da empresa. Afinal, os mercados e a economia evoluem em ciclos e, por mais longa que seja uma fase de expansão e sucesso, é certo que, em algum momento, haja uma inversão e as vendas comecem a se contrair.

Um profissional imaturo pode interpretar o longo período de *feedbacks* positivos como um motivo para deixar de se aprimorar. E isso é exatamente o contrário do desenvolvimento permanente que o líder deve promover em suas ações de orientação de sua equipe.

Entretanto, é muito raro que um *feedback* positivo cause problemas. Em geral, o que ocorre nas empresas é que ele é inexistente e, portanto, a maioria da equipe não possui referências se está agindo apropriadamente ou não. Pela falta de um referencial, dependendo da autoestima de cada um, o funcionário acreditará que "sim", seu comportamento é apropriado, ou que "não", isto é, ele não é capaz de cumprir os propósitos da empresa.

Uma boa forma de estruturar o diálogo para o *feedback* positivo é iniciá-lo com o propósito que foi apropriadamente cumprido. Em seguida descrever com detalhes a cena que aconteceu e, finalmente, deixar claro a todos que é isso que você deseja que seja feito.

ALGUNS EXEMPLOS REAIS DE *FEEDBACKS* POSITIVOS

"É propósito de nossa empresa que todos sejam tratados com muita educação. Ontem você recebeu um cliente difícil de atender e mesmo assim se manteve calmo, dirigiu-se a ele com firmeza e o atendeu prontamente naquilo que ele precisava. Isso cumpre totalmente nosso propósito e é isso que desejo que todos façam. Parabéns, continue assim!"

"É propósito de nosso departamento que todos os orçamentos sejam entregues no prazo. Você se dedicou à tarefa ao longo da semana, visando cumprir os prazos, e hoje entregou o orçamento da área pontualmente. É exatamente isso que queremos que aconteça. Parabéns, continue nessa direção!"

"É propósito de nossa área que todos sejam informados prontamente a respeito dos problemas, por maiores que sejam. Ontem, foi terrível o acidente que ocorreu em nossa unidade no exterior, e você, em menos de 30 minutos, informou a todos os envolvidos, evitando especulações e receios infundados. Obrigado, é isso mesmo que desejamos que todos aqui façam!"

O *feedback* positivo é uma excelente maneira de motivar indivíduos e, ao mesmo tempo, orientar a equipe.

O *FEEDBACK* NEGATIVO: A ORIENTAÇÃO PARA QUE UM COMPORTAMENTO NÃO SE REPITA

Infelizmente, nem sempre nossos funcionários fazem o que deles esperamos. Nesses momentos, é necessário lançar mão do *feedback* negativo para corrigir seu comportamento inadequado.

Esses são momentos delicados, em que o líder deve ter profunda preocupação em preservar o funcionário como pessoa e, ao mesmo tempo, ajudá-lo a se desenvolver profissionalmente, falando objetivamente sobre o problema e orientando-o para que seu comportamento inadequado não se repita.

Quando ocorrer a necessidade de um *feedback* negativo, faça-o obrigatoriamente em particular. É um momento capaz de causar grandes constrangimentos, e não é possível prever como uma pessoa reagirá nessa situação. Mesmo que o funcionário tenha feito algo muito contrário aos propósitos da empresa, ele deve ser respeitado como pessoa e como profissional. O objetivo do *feedback* é simplesmente que a ação não se repita, além de dar ao funcionário referenciais para que possa se desenvolver profissionalmente. Portanto, se seu departamento não possui uma sala apropriada para uma conversa particular, trate de arrumar uma!

É nos momentos de *feedbacks* negativos feitos de maneira inapropriada que podem ocorrer as maiores quebras de comprometimento entre líderes e empregados. Tratado de maneira desrespeitosa, em vez de se preocupar em cumprir os propósitos da empresa, o funcionário se retrai, torna-se cínico, resignado ou apático. Quais as consequências imediatas disso? Por exemplo, é pouco provável que um cliente se torne leal à sua empresa sendo atendido por profissionais com esses comportamentos.

Outro risco que o líder corre ao se exceder em momentos de *feedback* negativo é gerar elementos para que a empresa seja processada por assédio moral, por exemplo. Expor alguém repetidamente a situações constrangedoras ou humilhantes já caracteriza essa condição – e duas vezes já é repetição.

A capacidade principal necessária ao líder no momento de *feedback* é de lidar com as emoções, suas e das outras pessoas. Sem essa capacidade, a rigor, o profissional em cargo de liderança não deveria estar exercendo essa função.

Feedback não é momento para dar vazão a emoções negativas – como frustração ou raiva. Muito menos para rotular pessoas, chamando-as do que quer que seja. Portanto, cuidado para não usar o *feedback* como uma desculpa para expressar suas emoções reprimidas.

Conheci um gerente de manutenção, em uma empresa automobilística, que sentia muita raiva quando alguém de sua equipe fazia algo errado. Ele dava *feedbacks* gritando com os funcionários, expondo-os na frente do time. Apesar de ser um gestor com excelentes resultados, seria demitido se não aprendesse a dar *feedbacks* apropriadamente.

A empresa me contratou como *coach* desse gerente, e, após sete meses de muito treino, ele não apenas aprendeu a exercitar essa competência como também aumentou ainda mais seus resultados. Ao final de um ano, foi premiado como o melhor gestor da corporação.

Aprender a dar *feedback* de maneira correta é um fator de sucesso para a carreira de um líder. Por essa razão, novos gestores, como é o caso de profissionais de origem técnica alçados a cargos de liderança, devem se esforçar para desenvolver sua inteligência emocional. A falta dela é a principal causa de ausência de *feedbacks* ou de sua realização de maneira inapropriada.

Para fazer o *feedback* negativo, você tem de ser rigoroso com o método. Como mencionei anteriormente, o termo *feedback* nas organizações empresariais está muito desgastado e, normalmente, é associado a broncas, constrangimentos e outras situações embaraçosas a que um liderado é submetido pelo chefe. Portanto, o líder deve saber como fazê-lo para, de fato, transformá-lo em uma orientação capaz de desenvolver pessoas na direção desejada.

Reforçando, o *feedback* negativo deve ser feito em particular e, ao chamar seu funcionário para um, você deve substituir o termo *feedback* por *orientação*. Pois, lembre-se, na realidade é disso que se trata.

O propósito da *orientação* é desenvolver o profissional para que não repita determinada ação contrária aos propósitos da empresa ou que não contribua de maneira efetiva para que estes se realizem. Como se trata de um diálogo, faço a seguir uma descrição do modelo básico para se dar um *feedback* negativo a alguém, a partir de um exemplo real, extraído de minhas experiências ao assessorar meus clientes e seus funcionários. Dessa maneira, é possível visualizar a forma prática de fazer uma *orientação do funcionário* apropriadamente.

O momento de dar o *feedback* deve ser tão próximo quanto possível do evento em que o funcionário não cumpriu o propósito da empresa, do departamento, da tarefa ou do líder. Desde que você esteja em condições de: dominar suas emoções, não rotular a pessoa e descrever o que aconteceu em forma de filme – ou seja, de uma cena capaz de ser capturada por uma câmera de vídeo.

Dominar as emoções significa ser capaz de controlar o tom de sua voz, que deve ser neutro, e o volume dela, que deve ser o suficiente para ser ouvido com clareza, controlar seus gestos para que sejam moderados e saber lidar com serenidade com as possíveis reações da pessoa que recebe o *feedback*.

Uma cena capturada por uma câmera é composta por uma imagem, uma ação e uma fala. Nada além disso. Ou seja, uma câmera de vídeo não interpreta uma ação. Por exemplo, ela não filma alguém mal-educado, mas uma pessoa falando alto e usando palavrões. Ela captura um homem que está com barba por fazer, e não alguém desleixado. Isso é uma interpretação pessoal. Portanto, aprenda a descrever uma situação como se fosse a cena de um filme.

Agora, para preparar o diálogo que você deve desenvolver no decorrer do *feedback,* vamos supor que você seja gestor de uma unidade de produção industrial e observa que um operador de máquina gasta mais material do que o previsto para a fabricação de um produto.

A primeira reflexão que você deve fazer é responder à seguinte pergunta: qual propósito da empresa, do departamento, da tarefa ou do líder (você) não foi preenchido? E declará-lo. Esta é a primeira parte do *feedback*: a declaração de propósito. Exemplo: "É propósito de nosso departamento que todos os produtos sejam fabricados de acordo com o custo previsto".

Assim que se considerar preparado, chame o funcionário para o *feedback* – em particular, sempre em particular.

Comece a conversa com a declaração de propósito.

Em seguida, vem a etapa chamada "valorização do profissional". O motivo pelo qual a fazemos é para deixar claro que o vínculo com ele não está em jogo. A valorização também ajuda para que ele preste atenção em nossas palavras e não fique pensando, por exemplo, "vou ser demitido!". A valorização deve ser feita de maneira muito simples. Basicamente, pense no tempo em que convive com a pessoa, por exemplo: um ano. E numa qualidade indiscutível que essa pessoa possua: ser pontual.

A valorização, então, ficaria assim: "Você está conosco há um ano e tem se mostrado uma pessoa muito pontual.".

Embora seja muito importante você se preocupar com a pessoa, cuidado para não se estender por trás dessa valorização. Por causa de nossa cultura, aqui é onde muitas vezes o líder se perde e começa a dizer coisas como: "Você sabe que eu gosto muito de você... Mas eu tenho de fazer meu papel. Não me leve a mal, mas tenho de te dizer...". Pronto, você acaba de se perder na orientação.

O foco do *feedback* não é a valorização, mas o desenvolvimento do profissional. Por isso é que a maneira mais pragmática é falar sobre o tempo de serviço e a qualidade indiscutível do colaborador. Essa última deve ser bem escolhida, e o funcionário precisa se sentir genuinamente valorizado por ser mencionada uma característica positiva que ele sabe que tem.

Agora você vai introduzir a ação que não preencheu o propósito. Importantíssimo: use "E" e não use "MAS". Se você usar "MAS", invalida tudo o que disse anteriormente – nesse caso, a valorização da pessoa.

Exemplo: "E você produziu a peça XYZ utilizando dois quilos a mais de aço do que o previsto.".

Você tem de deixar claro que a ação não poderia ter sido feita, portanto deve declarar: "Isso não cumpre nosso propósito.".

E, finalmente, faça o convite para a mudança de comportamento. Mas atenção! Assim como todo o diálogo de *feedback*, o convite deve ser dito com o tom de voz neutro, não é uma ordem nem uma ameaça. É para ser falado com o intuito de abrir um espaço sereno para que o diálogo prossiga, e não para que a pessoa se sinta intimidada ou pressionada.

"O que nós podemos fazer para que isso não ocorra novamente?"

É um convite para que a pessoa reflita com você e, principalmente, estabeleça um compromisso para que a ação não volte a acontecer. Lembre-se: se você for ameaçador, aumentar o volume de sua voz ou usar um tom de intimidação, provocará emoções indesejáveis na pessoa. Serenidade é o segredo para que o *feedback* aconteça com o objetivo de trazer a pessoa para a reflexão e, principalmente, para a mudança de comportamento.

Aqui você precisará fazer um ajuste de acordo com seu jeito de ser, a cultura da empresa e o peso que a pessoa pode dar a essa frase. Você poderá, por exemplo, substituí-la por: "O que podemos fazer para que isso não se repita?" ou "O que vamos fazer para que isso não volte a acontecer?".

Enfim, cuidado para não ser excessivamente pesado nessa frase, pois quanto menos você fizer seu funcionário acessar emoções negativas, como medo, frustração ou raiva, tanto melhor para ele compreender o objetivo desse diálogo.

O que será que seu funcionário vai responder? A resposta pode ser: "Não sei.".

Observe, porém, que a última parte do *feedback* é uma pergunta. Portanto, o funcionário deverá lhe dar uma resposta válida para ela. Diga-se de passagem que você deve dizer "O que nós vamos fazer?" por uma questão de generosidade e para mostrar que está envolvido em ajudá-lo, pois, a pergunta direta seria: "O que você vai fazer?".

Vamos supor que ele diga: "Eu me distraí.". Perceba que isso não é uma resposta à pergunta. Portanto, a sugestão é que você use a técnica chamada "disco riscado". Qualquer pessoa que já teve a experiência de ouvir um antigo disco de vinil sabe que, se ele estiver riscado, a agulha voltará, por exemplo, para o começo da faixa e recomeçará a tocar aquele trecho da música.

Exemplo de possível resposta sua: "Entendi. Você disse que se distraiu... E o que nós vamos fazer para que você gaste a quantidade prevista de material para nos mantermos dentro do custo?".

Vamos continuar o que seria um possível diálogo entre vocês:

Seu funcionário: "Pensei que sairia com mais qualidade usando mais aço.".

Você: "Entendi, você disse que pensou que sairia com mais qualidade usando mais aço... E o que nós vamos fazer para que você cumpra o propósito de fazer a peça dentro do custo?".

Seu funcionário: "Você está me chamando de irresponsável?".

Você: "Não, só estou dizendo que é propósito de nossa empresa que as peças sejam produzidas dentro do custo, e você utilizou dois quilos de aço a mais que o previsto. O que nós podemos fazer para que isso não ocorra novamente?".

O que queremos é uma resposta que esteja entre "Eu não sei o que farei para que isso não se repita" e "Sei exatamente o que vou fazer: vou regular a máquina para usar a quantidade especificada por peça".

Se o funcionário não souber o que fazer, cabe a você dar uma sugestão. Caso a resposta seja uma ação válida para resolver o problema, agradeça e finalize o *feedback*, confirmando o compromisso estabelecido com uma frase como "Então, estamos combinados: você vai manter a máquina regulada e prestar atenção para não produzir fora do custo?".

Portanto, a estrutura do diálogo de *feedback* negativo, basicamente, é:

1. **Declaração de propósito**
   "É propósito de nossa empresa que todas as peças sejam feitas com a quantidade planejada de material."
2. **Valorização**
   "Você está conosco há um ano e demonstrou ser extremamente pontual."
   Lembre-se de que deve ser algo que você frequentemente destaca na pessoa, para que ela sinta que sua mensagem é genuinamente uma valorização.

3. **E** (Use "e". Não use "mas", pois você vai esclarecer em seguida a cena que motivou o *feedback*. Se você usar "mas", invalidará o que acabou de dizer, que é a valorização da pessoa.)
4. **Descrição da ação que não preencheu o propósito**
   "Você produziu a peça XYZ utilizando dois quilos a mais de aço do que o planejado."
5. **Declaração que deixe claro que a ação não preencheu o propósito**
   "Isso não cumpre nosso propósito."
6. **Convite para que a ação não se repita**
   "O que vamos fazer para que isso não se repita?"
   Ou, ainda, lembre-se de fazer os ajustes necessários para não soar muito duro com a pessoa. Por exemplo: "O que faremos para que isso não ocorra novamente?". Ou dar um exemplo positivo: "O que faremos para usar a quantidade apropriada sempre?".
7. **Disco riscado**
   Se não houver uma resposta válida ao convite, repita a questão até obter a resposta.
   "Entendi, você pensou que a peça sairia com mais qualidade se usasse dois quilos a mais de aço. E o que nós vamos fazer para que isso não ocorra novamente?"
8. **Declaração do compromisso estabelecido e agradecimento**
   "Então, estamos combinados? Da próxima vez, você regulará a máquina para utilizar dois quilos de aço por peça!"

Agora que a orientação foi dada e o compromisso foi estabelecido, é a hora de você conversar com seu funcionário de maneira mais aberta. Procure saber o que se passa com ele. Se ele está em um momento difícil na vida particular, por exemplo. O *feedback*, mesmo que negativo, é uma excelente oportunidade para aprofundar vínculos com o funcionário.

Recomendo que essa conversa ocorra somente ao final da orientação, porque possui duração incerta. Entretanto, com o objetivo de respeitar e preservar o funcionário, caso você considere mais apropriado, pode se dar ainda no início da orientação, mas saiba que essa não é a melhor prática e pode estender a reunião por um tempo excessivo, além de gerar uma tendência de que o rumo da conversa desvie do objetivo do *feedback*.

EXEMPLOS REAIS DE *FEEDBACKS*

"É propósito de nossa empresa que todos sejam tratados com muita educação. Você está conosco há três anos e sempre fez seu trabalho com muita qualidade, e ontem pela manhã dirigiu-se a um de nossos clientes, ao telefone, com palavrões. Isso não cumpre nosso propósito. O que vamos fazer para que isso não se repita?"

"É propósito de nosso departamento que todos os projetos sejam entregues dentro do prazo. Você trabalha conosco há cinco anos e sempre demonstrou grande capacidade de trabalho, e ontem entregou o orçamento de 2018 com dois dias de atraso. Isso não cumpre nosso propósito. O que podemos fazer para que isso não volte a acontecer?"

"É propósito de nossa empresa que os profissionais reflitam em sua imagem profissionalismo, asseio e seriedade. Você está conosco há dois anos e sempre cumpriu suas metas de vendas, e ontem você foi visitar o cliente com a barba por fazer e sem gravata. Isso não cumpre nosso propósito. O que vamos fazer para que isso não ocorra novamente?"

Assim como o excesso de *feedbacks* positivos pode gerar uma falsa interpretação do indivíduo a respeito de seu desempenho, o número exagerado de *feedbacks* negativos pode causar um dano ainda maior.

Há pessoas que, de tanto serem criticadas inapropriadamente, chegam à conclusão de que não vale a pena o esforço para o autodesenvolvimento, pois, por mais que façam, nunca está bom o bastante.

Cuidado, pois o *feedback* negativo não é uma crítica. É uma orientação que tem como referência os propósitos da empresa. Quando utilizado em excesso, faz que a pessoa desanime e pare de focalizar o aprimoramento contínuo. Isso gera baixa autoestima e perda do senso de relevância do indivíduo para a empresa.

Tive oportunidade de conhecer uma executiva de vendas de máquinas industriais que procurava atender a seu líder em todos os detalhes, sendo ela mesma perfeccionista. Entretanto, seu gerente sempre lhe dava *feedbacks* negativos em praticamente tudo o que fazia. Com o tempo, isso causou muito desgaste à executiva, e a exposição contínua ao estresse levou-a a desrespeitar seus horários, comprometer sua vida particular e, finalmente, seus limites físicos. Seu chefe, entretanto, chegava ao extremo de afirmar que, com aquele desempenho, ela jamais seria uma gerente.

Foi quando a executiva percebeu a insanidade da situação e se conscientizou de que corria riscos, de ter problemas nas esferas emocional e física. Acabou por pedir demissão e foi muito seletiva na escolha da nova colocação profissional em outra empresa. Procurou conhecer antes o gerente com quem lidaria e, quando se recolocou, descobriu ser uma profissional altamente qualificada. Em pouco tempo, era a nova gerente da empresa.

Por vezes, portanto, o *feedback* inapropriado pode estar retardando uma carreira e, em alguns casos extremos, pode até causar sérios danos à saúde do profissional.

Certa vez, fui procurado pelo gerente regional de um banco, cujos superiores solicitaram *coaching* para assumir uma posição de diretoria. O *feedback* que ele recebera era de que não estava ainda preparado para a função, pois não era político e precisava de mais quilometragem.

Entretanto, ao fazer a coleta de dados com seus líderes sobre o que precisava desenvolver, ficou muito claro que estava pronto e, o que era muito desgastante, fora preterido em duas oportunidades, mas sem motivo.

Ele era uma pessoa persistente e muito correta e esmiuçava os *feedbacks* ao máximo para se desenvolver. Fez cursos, leu livros, participou de muitos seminários e palestras sobre temas diversos de acordo com os *feedbacks* recebidos.

Mas ele também confiava excessivamente em seus chefes e não percebeu que havia um grupo de favorecidos no banco que eram sistematicamente promovidos para os cargos principais. Esse favorecimento era feito por razões inconfessáveis e que se sobrepunham até mesmo aos indicadores de desempenho das pessoas avaliadas. Os *feedbacks* que ele recebia, portanto, eram falsos, e sua persistência causava constrangimento e insegurança àqueles que faziam parte desse grupo. Infelizmente, nem todos os líderes zelam pelos valores, pelos princípios e pelas regras que deveriam nortear as decisões da companhia.

Outra situação difícil que conheci ocorreu no departamento jurídico de um grupo de varejo nacional. Uma advogada sênior havia sido promovida ao cargo de coordenadora e, depois de alguns meses sendo bem avaliada, passou a receber *feedbacks* cada vez mais negativos a respeito de seu comportamento. Por mais que se esforçasse, trabalhasse horas a mais para dar conta das tarefas, seu gerente nunca mais ficou satisfeito com o resultado de suas ações. O estresse se instalou e ela começou a ter problemas em outras áreas de sua vida, como a saúde e o relacionamento com o marido.

Após algum tempo, ela resolveu fazer um processo de *coaching* para lidar com as questões observadas nesses *feedbacks* e se aprimorar. Na verdade, queria até traçar um plano para sair da empresa, visto que considerava que seu desempenho não era mais suficiente para dar conta de todas as demandas da organização. Entretanto, em meio ao *coaching*, uma das metas foi o desenvolvimento de suas competências políticas, pois esse era um modo de se proteger de avaliações inapropriadas de seu líder imediato.

Dessa forma, ela tinha de abrir a comunicação com seu diretor e, se possível, com o presidente da empresa. Isso era possível nos eventos periódicos em que eram apresentados os resultados da companhia, pois nessas ocasiões podia-se conversar de maneira informal durante os intervalos. Foi então que, em um desses eventos, ao conversar com o presidente, ela descobriu que era considerada um talento de alto potencial na empresa, até mesmo com capacidade de substituir seu atual gerente no futuro. E ele sabia disso.

Entretanto, por insegurança e medo de perder seu cargo, o gerente passou a dar *feedbacks* irreais à coordenadora. Por isso, nenhuma de suas orientações fazia sentido. Ele estava com medo de perder o emprego. Afinal, já estava há muitos anos na empresa, e sua carreira estava estagnada há algum tempo.

A coordenadora decidiu, então, criar um plano alternativo para sair da empresa nos próximos meses. Mas, enquanto ela acionava sua rede de relacionamentos e se preparava para sair, o diretor percebeu o que estava acontecendo e como seria ruim perder alguém importante para o futuro da companhia.

Apesar de algumas tentativas de fazer o gerente mudar sua forma de agir com a coordenadora, ficou claro, ao longo do tempo, que ele não via com bons olhos o desenvolvimento contínuo de novos líderes abaixo de si. Por essa razão, a empresa havia perdido outros coordenadores em anos recentes.

Esgotadas as possibilidades de desenvolvimento, o gerente foi substituído, e o novo gestor preparou a coordenadora até que estivesse pronta para assumir a gerência, o que ocorreu dois anos depois.

Infelizmente, alguns líderes não cuidam adequadamente de seu autodesenvolvimento e sua carreira. Acabam por estagnar e usam o *feedback* para defender seu campo de atuação de possíveis ameaças. Não percebem que, ao fazê-lo, comprometem o futuro da organização, pois ela precisa que novos líderes sejam formados continuamente se desejar crescer e ter quem possa geri-la no amanhã.

Portanto, o *feedback* deve ser autêntico e objetivo e ser utilizado somente para orientar o desenvolvimento do funcionário.

Você, como novo gestor, também deverá receber muitos *feedbacks* para se aprimorar. Seja protagonista e, caso perceba que recebe *feedbacks* que podem não ter uma intenção tão positiva, seja proativo solicitando *feedbacks* específicos para outras pessoas e profissionais. Isso vai potencializar seu autoconhecimento para entrar em ação. O *feedback* pode e deve ser solicitado, e não somente dado.

QUANDO O *FEEDBACK* NEGATIVO PODE SER TRANSFORMADO EM POSITIVO

Certa vez, o diretor de uma agência de propaganda me disse que cometera um erro ao promover um técnico. Sua empresa era especializada em mídias digitais, como *sites* na internet e redes sociais, e seus técnicos eram verdadeiros *nerds*.

Como um desses profissionais era brilhante, ele resolveu que chegara a hora de promovê-lo para a área de vendas, como gerente de contas. As primeiras experiências, contudo, foram desastrosas: ele visitava os clientes malvestido, com barba por fazer, não olhava nos olhos deles nas reuniões e, ainda por cima, falava muito baixo.

Como esse diretor estava em processo de *coaching* comigo, falei sobre a melhor maneira de dar um *feedback* negativo ao funcionário. Entretanto, eu mesmo temia que o excesso de pontos a serem melhorados poderia desmotivar o profissional. Afinal, era um técnico nota 10 e se tornou um executivo de vendas nota 1.

Em respeito a esse profissional, o diretor, no entanto, criou um exercício muito interessante e que pode ser replicado em situações semelhantes. Em vez de dar um *feedback* negativo para cada uma dessas deficiências, ele passou a observar com atenção redobrada o comportamento do profissional. A cada momento que ele fazia algo na direção desejada, o diretor lhe dava um *feedback* muito positivo. Por exemplo, se em uma reunião com o cliente o gerente aparecia com uma camisa um pouco mais adequada ao contexto da reunião, logo depois o diretor o chamava e dizia: "Gostei de ver, você está com uma camisa mais social, mais alinhada. Isso valoriza muito você e, principalmente, a imagem da empresa. Parabéns, continue assim!".

Na reunião seguinte, se o executivo falava, em algum momento, um pouco mais alto do que era costumeiro, o diretor o abordava posteriormente e fazia o seguinte reforço: "É isso aí mesmo... Você foi assertivo com o cliente, falou alto e foi muito claro. É isso que eu desejo que você faça: fale mais alto com o cliente para ser bem entendido e passar uma excelente impressão de credibilidade. Muito bom!".

E assim sucessivamente. Uma vez, inclusive, o diretor me disse que o gerente nem tinha olhado tanto assim nos olhos do cliente, mas mesmo assim ele fez questão de lhe dizer: "Hoje você foi perfeito! Olhou nos olhos do cliente no momento em que ele te apertou nos preços e não deixou a peteca cair. Transmitiu muita confiança. É disso que precisamos! Vamos em frente!".

E assim, de elogio em elogio, o líder transformou o novo gerente em um profissional apropriado para o que ele queria, sem ter de lhe dar *feedbacks* negativos sucessivos, o que, seguramente, lhe traria muita tensão e frustração desnecessárias.

É claro que isso somente pode ser feito, com muito critério, se o líder puder dispor desse tempo para investir gradativamente no desenvolvimento da pessoa. E também se o comportamento do funcionário não for tão grave e puder ser mudado paulatinamente.

Sempre que for possível, transformar *feedbacks* negativos em positivos é um modo inteligente e menos estressante de desenvolver pessoas.

FEEDBACK – CONSIDERAÇÕES FINAIS

O *feedback* deve ser uma ação de muito respeito. A qualidade de vida de uma pessoa depende da experiência a que é submetida no ambiente de trabalho. A maioria dedica mais de 60% do tempo em que está acordada a ele. Sendo assim, não há nada que possa fazer nos 40% restantes que compense um trauma originado no ambiente de trabalho.

Certa vez, acompanhei um executivo de finanças que tentava de todos os modos atender a um chefe que era muito duro e extremamente inapropriado no *feedback* negativo a todos da equipe. Chegou a um ponto em que o executivo passou a sentir muito estresse e, com o tempo, o esgotamento físico se instalou. Ele passou a sentir fortes dores nas costas, sem um diagnóstico conclusivo por parte dos médicos.

Entretanto, essas dores diminuíam consideravelmente a partir das noites de sexta-feira e retornavam nas noites de domingo para segunda. Apesar de fazer exercícios físicos e *check-ups* regulares, o executivo nunca descobriu uma razão clínica para as dores. Quando o executivo foi finalmente demitido, elas desapareceram em definitivo.

Portanto, o líder deve saber que seu comportamento pode afetar de maneira extrema seus liderados. E não saber dar *feedbacks* apropriados gera uma experiência de vida terrível a eles.

A propósito, o executivo mencionado, graças à sua enorme competência, assumiu rapidamente uma posição de destaque em outra empresa e descobriu que era possível ter um ambiente profissional saudável para trabalhar. Seu novo chefe era uma peça fundamental em sua qualidade de vida.

E assim é para todos. A qualidade de vida do indivíduo é diretamente proporcional aos diálogos de que participa. Se alguém pretende diminuir seu estresse, deve se preocupar conscientemente com as palavras que ouve e, principalmente, com as que pronuncia.

Portanto, não são apenas os subordinados que se estressam ao receber um *feedback* inapropriado, com expressões duras, rótulos depreciativos e frases constrangedoras. O próprio líder também se submete a essas experiências ao provocá-las.

Sendo assim, testar outras formas de dar um *feedback*, tendo como foco o desenvolvimento dos profissionais, e não sua repreensão, eleva a qualidade de vida de todos os envolvidos.

Negócios são perdidos, pessoas adoecem, laços e compromissos são quebrados simplesmente pela falta de domínio emocional de alguns líderes.

Alguém que deseja criar um ambiente participativo deve aprender a selecionar as pessoas apropriadas à equipe, desenvolvê-las a partir de um diálogo respeitoso e inspirador, avaliá-las por critérios objetivos e a partir dos propósitos organizacionais.

Muitos líderes possuem propósitos relevantes, mas simplesmente não conseguem inspirar e conquistar as pessoas de que precisam. Não aprenderam a dar *feedbacks* adequados e, com isso, fica impossível dar uma orientação que leve a equipe a evoluir.

Nenhum momento causa tanto dano ao resultado empresarial quanto o *feedback* mal dado. Em casos extremos, isso gera o sentimento de humilhação na pessoa, e sua reação nesse caso pode ser imprevisível e desproporcional. Algumas se transformam em ferrenhas inimigas da companhia, partem para o trabalho nos concorrentes e se tornam perigosas por conhecerem questões estratégicas da empresa.

Enfim, um *feedback* mal dado é um péssimo negócio.

Além disso, interessar-se em se aprimorar como pessoa, adquirindo níveis cada vez mais elevados de desenvolvimento humano e consciência, é um propósito que traz grandes benefícios ao líder, seja para suportar a solidão da liderança, para crescer de maneira a fazer frente a desafios cada vez maiores ou, simplesmente, para aprender a lidar com pessoas com menor gasto de energia.

Evoluir como líder não significa endurecer como pessoa. Nenhuma experiência é mais gratificante que desenvolver seres humanos, especialmente formar outros líderes. O *feedback* é um grande momento para isso, para quem se interessa em aprendê-lo apropriadamente.

Desenvolver pessoas significa desenvolver e melhorar o mundo!

UTILIZE A MOTIVAÇÃO COMO FORÇA INDIVIDUAL E DA EQUIPE

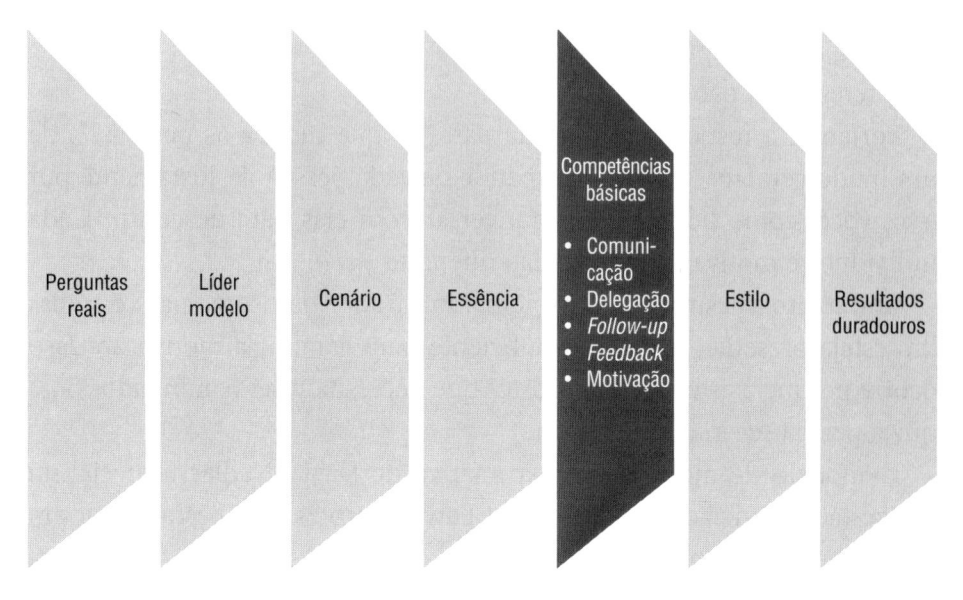

FIGURA 6-10 O caminho do líder transformador e a motivação.

Certa vez, quando ministrava uma palestra sobre liderança e motivação em uma convenção de uma grande empresa farmacêutica, um dos presentes levantou a mão e fez a seguinte pergunta: "Mas, Silvio, afinal, o que motiva as pessoas?". Eu passei a questão para a plateia e fiz a mesma pergunta a todos.

Um dos presentes, com um movimento de ombros e um sorriso, disse com o intuito de destacar que era óbvio: "Dinheiro!".

Do lado direito da plateia, entretanto, uma funcionária disse em tom pensativo: "Mas... eu me motivo pelo conhecimento.".

E mais ao centro, um deles levantou a mão e disse: "E eu, pelo desafio.".

Nesse momento, dirigi-me à plateia novamente e perguntei: "Então, o que motiva as pessoas?".

Fez-se um silêncio e após alguns instantes dirigi-me ao primeiro funcionário, aquele que dissera que se motivava pelo dinheiro, e lhe perguntei em qual departamento trabalhava: "Vendas!", ele respondeu.

Virei-me para a funcionária e fiz a mesma pergunta: "Laboratório", disse ela.

E, finalmente, o terceiro me disse que trabalhava no departamento de tecnologia da computação.

Interessante, não?

Portanto, a resposta apropriada para "O que motiva as pessoas?", de um modo geral, é: "Não sei". Depende de cada pessoa. E, justamente por isso, você, como líder, precisa conversar com elas para descobrir. Cada indivíduo se motiva por uma razão diferente.

Entretanto, mesmo que o principal motivador da pessoa para o trabalho esteja presente, isso não é suficiente para garantir a motivação. Isso ocorre porque existem outros fatores que necessitam ser combinados para que a pessoa se sinta motivada.

O modelo de motivação e expectativa de David Nadler (especialista em gestão organizacional) e Edward Lawler (professor e pesquisador em administração de empresas) nos fornece orientações fundamentais para a compreensão do tema.

Essencialmente, quando pedimos a alguém para se motivar, queremos que a pessoa faça um esforço. Esse esforço gerará um determinado desempenho. E esse desempenho é necessário para realizar um projeto que, por sua vez, atingirá um resultado. E tudo isso deve ter um valor para a pessoa, ou ela não sentirá motivação.

Portanto, a motivação pode ser vista como uma equação matemática:

$$\text{Motivação} = \text{esforço} \times \text{desempenho} \times \text{projeto} \times \text{resultado} \times \text{valor para a pessoa}$$

A tradução disso é que, se algum desses fatores for igual a zero, a motivação será zero, isto é, a motivação não existirá se a pessoa não tiver condições de fazer o esforço necessário; ou se esse esforço não produzir o desempenho requerido; ou se esse desempenho for insuficiente para a realização do projeto; ou, ainda, se o projeto não for capaz de dar o resultado esperado. E, mesmo que todos esses pontos anteriores sejam favoráveis, mas não tiverem valor para o profissional, a motivação ainda será igual a zero.

Por esse motivo, o bom líder começa a trabalhar sua liderança pelo valor que motiva a si mesmo, isto é, para desenvolver a motivação nas pessoas, ele deve antes perguntar a si próprio:

- Qual o valor que vejo em trabalhar nessa empresa? Por exemplo: desenvolvimento pessoal, ética, poder trabalhar com grandes obras, trabalhar próximo a ícones da moda.
- Qual o valor que existe em trabalhar no departamento que dirijo? Por exemplo: enfrentar grandes desafios, fazer parte de um time seleto de pessoas, diminuir os riscos de segurança das operações.
- Qual o valor que observo em cada tarefa que faço? Exemplo: lidar com o desafio de entregar produtos no prazo, fazer trabalhos que precisam de uma visão artística, falar com todos na empresa.

A partir do momento em que possui essas respostas, ele pode se dirigir aos seus liderados e fazer as mesmas perguntas.

A razão pela qual o líder deve responder antes a elas é que, provavelmente, a resposta de seus empregados será o silêncio, pois nunca pensaram nessas questões. Portanto, diante do silêncio deles, o líder poderá compartilhar os seus motivadores e instigar os funcionários a ter os mesmos ou descobrir os seus.

O papel do líder é aproveitar cada oportunidade para estimular as pessoas, por meio de perguntas, a descobrir sua real motivação para o trabalho e, em última análise, para a vida.

Em uma siderúrgica, um jovem executivo, considerado por muitos um futuro diretor da empresa, chegou para ser responsável pela gerência de manutenção. Poucos dias após sua chegada, ocorreu a explosão de uma caldeira. Ninguém se feriu, mas os prejuízos foram grandes.

A empresa tinha sido adquirida havia pouco tempo e boa parte dos equipamentos estava sem manutenção e esse foi o motivo principal da explosão. O executivo, porém, considerou que sua carreira estava terminada, pois mal havia chegado à unidade e tinha de lidar com um prejuízo de R$ 10 milhões. Sua motivação foi a zero, e isso também afetou sua equipe.

Embora continuasse a trabalhar muito, era evidente que estava muito abatido com tudo o que ocorrera. Pela primeira vez, passava por um problema daquela magnitude. Sentia-se culpado, estressado, passou a dormir pouco e a engordar. O departamento de RH estava muito preocupado com a situação e pensou até em sugerir que ele fosse encaminhado a um psicólogo, pois temia que estivesse deprimido. Antes, porém, tentou desenvolvê-lo por meio de *coaching*.

Foi quando o conheci. Minha principal preocupação era saber se ele, de fato, tinha um problema que poderia ser resolvido por um processo de *coaching*, ou se era o caso de encaminhá-lo a um psicólogo, como, aliás, determina o protocolo do processo, uma vez que *coaching* não é substituto de terapia.

A motivação do executivo para o processo era praticamente zero. Fiquei muito preocupado com o que poderia acontecer à sua carreira se eu relatasse ao RH que ele precisava de uma terapia. Mas, após as primeiras reuniões, eu estava bem próximo de concluir que o *coaching* seria absolutamente improdutivo. Ele falava pouco, sem motivação nenhuma para continuar a investir em sua carreira e em liderar seu pessoal. Além disso, ele era casado e tinha uma filha, o que me deixou mais preocupado ainda com sua dificuldade em voltar a se motivar e, principalmente, cuidar de sua saúde.

Em uma última tentativa de motivá-lo, peguei um *flip chart* e desenhei o que ocorreria com ele, em forma de um fluxograma lógico. Disse a ele o seguinte:

– Se você continuar desse jeito, vai acabar adoecendo. Você poderá ir ao médico ou não. Se não for, a doença vai se agravar e você pode até morrer. Se você for, o médico lhe dará remédios. Se você tomá-los, poderá ter de viver continuamente com eles. Se não tomá-los, sua doença piorará e você pode até morrer. Você acha que esse é o melhor meio de alguém de alto potencial, como você, lidar com a situação?

Ele olhou atentamente para o fluxograma, por um tempo, e disse:

– Não é lógico.

Olhei para o fluxograma, voltei-me para ele e perguntei:

– O que não é lógico nesse fluxo?

E ele respondeu:

– Não é lógico o que eu estou fazendo!

A partir dali, aquele executivo percebeu que enxergava o mundo de maneira lógica e racional. Tudo tinha de fazer sentido para ele. E entendeu também que os eventos não são lógicos, mas ele e sua equipe não precisavam deixar de sê-lo por causa disso – por pior que tivesse sido a experiência de lidar com um acidente.

Ele voltou a fazer o que considerava racional e demandou o mesmo da equipe que, formada por técnicos, também se recuperou e voltou a ter mais motivação para enfrentar os desafios.

Alguns anos mais tarde, o executivo tornou-se gerente-geral da unidade. Os problemas não diminuíram, mas sua forma de abordá-los se aprimorou bastante. Sua motivação era encontrar caminhos racionais para lidar com todas as questões empresariais.

Outra situação ocorreu em um grupo internacional de equipamentos para telecomunicação. Na ânsia de mostrar a todos que a empresa passava por um bom momento, o presidente da empresa deu um bônus a todos os profissionais. Entretanto, para fazer isso, ele ofereceu um café da manhã especial, imaginando que as pessoas estariam radiantes por causa do dinheiro adicional.

Para sua surpresa, a recepção dos profissionais foi protocolar. Eles estavam contentes, é claro, mas não entusiasmados, como ele esperava. Ocorre que a carreira do presidente foi desenvolvida no departamento de vendas e, para as pessoas dessa área, receber algum dinheiro extra representava muito. Entretanto, a maioria de seus atuais profissionais era formada por técnicos em telecomunicação e, apesar de gostarem do dinheiro, sua motivação maior era o conhecimento.

Ao perceber isso, o presidente solicitou aos diretores dos diversos departamentos que perguntassem aos seus funcionários o que consideravam como um prêmio, caso atingissem os resultados. As respostas foram diversas, e a empresa passou a oferecer aos profissionais uma premiação de acordo com cada departamento. Dessa forma, o bônus foi mantido principalmente para os departamentos de vendas e financeiro. Já os setores técnicos passaram a receber cursos, alguns até no exterior, e a possibilidade de conhecer centros tecnológicos em outros países.

O resultado foi a melhora expressiva no clima organizacional e o reconhecimento maior, por parte dos profissionais de que a empresa era muito dinâmica e antenada com novas tecnologias, o que era um fator importante para reter seu quadro de técnicos.

A motivação é um fator estratégico para toda empresa.

Cuidado para não achar que o que o motiva é o mesmo para todas as pessoas. É fato que, se você deseja liderar, o desafio é importante para você. Contudo, há pessoas que se desmotivam se tudo lhes é colocado como desafios maiores a serem vencidos.

Você deve saber quem são as peças-chave para seu departamento contribuir para a companhia crescer e existir de maneira sólida no futuro. Deve conhecer seus motivadores e fomentá-los para aumentar suas chances de reter essas pessoas e, mais que isso, ter seu compromisso fortalecido com a empresa ao longo dos anos.

FAÇA A GESTÃO DE AGENDA COM FOCO NA REALIDADE

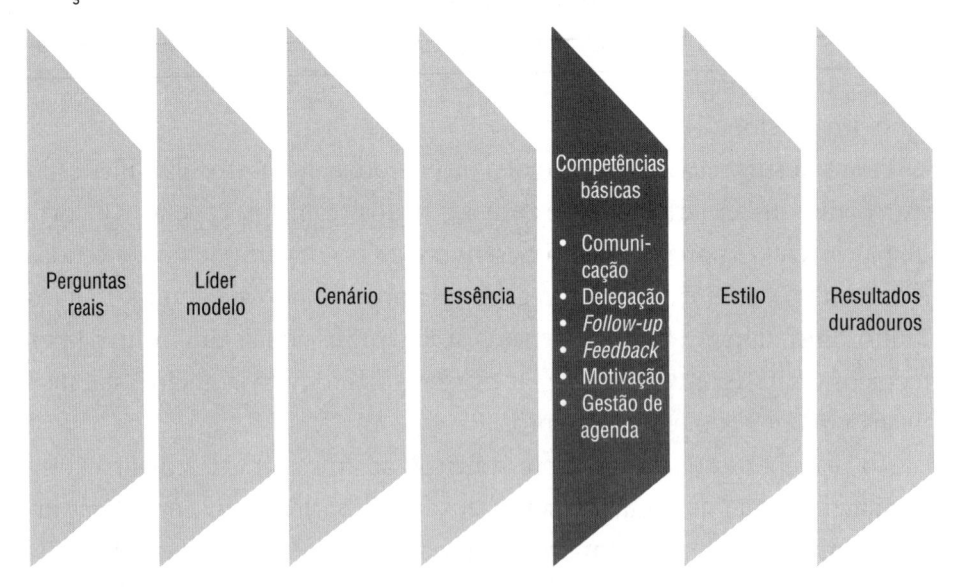

FIGURA 6-11 O caminho do líder transformador e a gestão de agenda.

Certa vez, conheci um executivo que revelou ter lido mais de uma dúzia de livros sobre gestão do tempo e, ainda assim, tinha grande dificuldade com o tema.

Por mais inverossímil que pareça, uma das principais diferenças entre nós e pessoas como Bill Gates e Warren Buffett está na forma como gerimos nosso tempo. Eles dão muito valor ao tempo deles. São pessoas que valorizam muito sua agenda e não permitem que ninguém utilize o tempo deles mais do que eles mesmos determinam.

O verdadeiro investimento que alguém realiza não é de dinheiro, mas de tempo. Afinal, dinheiro é algo que se pode recuperar; tempo, não.

Quantas vezes, por incapacidade de dizer "não", damos liberdade para as pessoas consumirem um tempo valioso em nosso dia?

Quando o líder administra inapropriadamente sua agenda, cria condições para ter momentos de grande ansiedade e muito estresse por causa da quantidade de compromissos não atendidos e de tarefas por fazer. Ele terá grande dificuldade de acompanhar os planos de ação e, consequentemente, de saber se os resultados previstos serão alcançados.

Na falta de um método realista para gerir nossa agenda, desenvolvemos uma agenda irreal para nossa vida e nosso trabalho. E é exatamente por essa agenda irreal que começamos a aprender sobre como se faz para criar uma agenda real.

A agenda irreal é muito parecida com o exemplo a seguir. Imagine que um executivo tenha um horário de trabalho das 8 às 18 horas e que tenha a seguinte agenda:

	SEGUNDA-FEIRA
	23
09	Reunião 1
10	
11	Reunião 2
12	
13	Almoço
14	Reunião 3
15	
16	Reunião 4
17	
18	

FIGURA 6-12 A agenda irreal.

Observe que, ao organizar seu tempo, o executivo inseriu uma reunião concatenada à outra e preencheu completamente sua agenda, do começo do dia até seu final. Essa agenda é irreal porque faltam quatro elementos fundamentais para que ela esteja de acordo com a realidade.

1. Tempo de preparação
Em primeiro lugar, a agenda está preenchida com os eventos, no caso as reuniões, mas não se vê nela o tempo de preparação para essas reuniões.

Como o profissional vai assegurar que estará pronto para uma reunião, se não dedicou nenhum tempo ao preparo? Portanto, para cada reunião a agenda deve ter um tempo reservado para a preparação.

Alguns eventos precisam de poucos instantes para que o executivo se prepare para eles. Por exemplo, quando o executivo vai participar de uma reunião na qual um potencial fornecedor vai se apresentar, precisará de pouco preparo, visto que seu papel será muito mais de ouvinte.

Entretanto, quando um profissional for fazer uma palestra para um grupo de clientes, precisará de um tempo maior de preparação.

A agenda, portanto, deve ter um tempo reservado para o preparo.

2. Tempo de deslocamento
O segundo elemento fundamental na agenda é o tempo de deslocamento. Não me refiro, apenas, ao deslocamento de carro para chegar ao local da reunião, mas também ao tempo que se perde dentro dos edifícios.

Certa vez, eu estava em um processo de *coaching* com uma consultora e estávamos desenvolvendo exatamente sua capacidade de gerir o tempo. Nossa reunião terminaria às 10 horas da manhã, e perguntei-lhe quando seria seu próximo compromisso. Ela me disse que seria às 10 horas e 30 minutos, em uma empresa que ficava a 10 quilômetros de onde estávamos.

Essa distância pode não parecer muito grande, mas, em uma cidade como São Paulo, você precisa de mais do que 30 minutos para percorrê-la. Em primeiro lugar, estávamos no 17º andar do edifício. Ela teria de pegar o elevador, deslocar-se até o subsolo, pagar o estacionamento, aguardar o manobrista trazer seu veículo, para, então, partir para a reunião.

Perguntei-lhe quanto imaginava que gastaria nesse processo, e ela disse 2 minutos. Pedi a ela para cronometrar, e o resultado foi um gasto de 10 minutos.

Em seguida, ela demorou 30 minutos até o destino.

Ao chegar ao local, ela teve de parar o carro no estacionamento, pegar o tíquete, identificar-se na recepção do prédio e aguardar a autorização para subir ao andar desejado. Esse processo levou outros 10 minutos.

O tempo total, portanto, não foi de 30, mas de 50 minutos, ou seja, 20 minutos de atraso.

Se você calcular mal o tempo de deslocamento e atrasar, em média, 20 minutos por evento, se tiver quatro reuniões no dia o atraso total será de 1 hora e 20 minutos, um tempo precioso.

Não é necessário que esteja escrito na agenda "tempo de deslocamento", mas você precisará ter um intervalo definido nela para que ele ocorra. É comum observar que assistentes administrativos menos experientes concatenam eventos que ocorrerão em locais muito distantes um do outro na agenda de executivos. Além disso, nas empresas há o compartilhamento de agendas, e é frequente que um profissional coloque, na agenda do outro, um evento, sem levar em conta o tempo total de deslocamento.

3. **Tempo de execução**

Além do tempo de preparo, de deslocamento e do evento propriamente dito, há um item que, quando inserido na agenda, gera um ganho de desempenho do líder.

Após o evento, o gestor deve deixar de 15 a 30 minutos reservados para despachar tudo o que foi conversado na reunião. Eu chamo esse intervalo de "tempo de execução".

Nesse momento, o executivo vai pegar tudo o que foi decidido na reunião e tomar três atitudes possíveis:

1. Vai executar uma ação que já resolva a questão. Isso é ideal quando há coisas simples a fazer. Por exemplo, alguém na reunião pediu o encaminhamento de um *e-mail* com dados que o líder já possui.

2. Vai colocar uma ação na agenda. Nesse caso, o que foi pedido é algo que depende de um tempo maior para ser feito. O executivo pode precisar reunir pessoas, então deve ligar para elas, pedir para abrirem a agenda, sincronizá-las e já esclarecer o que precisará que seja feito e quando.
3. Vai colocar uma anotação em seu caderno ou instrumento de entrada, que pode ser um *smartphone* ou *tablet*, por exemplo. Nesse caso, o executivo não conseguiu contatar as pessoas necessárias para marcar uma reunião ou, então, o que foi pedido demanda que reflita um pouco mais no que fazer, antes de agir. Nesse caso, ele deverá escrever no caderno ou anotar em um dispositivo para fazê-lo em outro momento. Um *tablet*, um *smartphone* ou um gravador também podem ser utilizados para isso.

Existem duas vantagens de você reservar esse tempo de execução logo em seguida ao evento.

Em primeiro lugar, você estará gerindo a agenda em blocos, exatamente como ocorre no tempo. Ou seja, o resultado será que você, depois de terminados o evento e a execução, já terá dado direção para as próximas ações: ou você já resolveu o que era necessário, ou colocou na agenda, ou anotou o que vai fazer. Portanto, não há mais nada pendente em relação ao evento. Com isso, você tem tranquilidade para ir ao próximo evento com foco, sem ficar com a cabeça ainda no anterior.

Outra vantagem ocorre quando, por exemplo, ao final de uma reunião com seu mais importante cliente, já com todo o material guardado e prestes a entrar no elevador, ele vira para você e diz: "Olha, só mais uma coisinha: vê para mim sobre o prazo de entrega de um pedido semelhante ao que falamos, mas para entregar em Manaus, Belém e Cuiabá.".

O elevador chega, você entra nele e vai embora. Se você não fizer a execução logo em seguida, provavelmente vai se esquecer desse pedido.

A execução é uma atividade para você fazer logo após o evento e pode ser feita na recepção do prédio em que você está, no estacionamento, antes de dar a partida no carro, enfim você não precisa retornar a seu escritório para fazê-la. É para ser algo muito prático e, nesse caso, o uso de tecnologia, como *smartphones*, é fundamental.

Aliás, é importante que sua agenda seja feita no computador. Não é possível pensar em uma agenda de papel, nos dias de hoje, quando o assunto é o alto desempenho do líder.

A figura a seguir é um exemplo de como deve ser uma agenda, já com o tempo de preparo, de deslocamento e de execução:

	SEGUNDA-FEIRA 23
08	Preparo da reunião 1 Deslocamento para reunião 1
09	Reunião 1
10	Execução da reunião 1
	Preparo da reunião 2
11	Deslocamento para reunião 2
	Reunião 2
12	
	Execução da reunião 2
13	Almoço
14	Preparo da reunião 3
	Deslocamento para reunião 3
15	Reunião 3
16	Execução da reunião 3
	Preparo da reunião 4
17	Deslocamento para reunião 4
	Reunião 4
18	
	Execução da reunião 4

FIGURA 6-13 Exemplo de agenda com tempos de preparação, deslocamento e execução incluídos.

No exemplo, o tempo de preparo e o de deslocamento estão logo antes da reunião apenas para ilustrar. O mais apropriado é que o preparo seja feito bem antes da reunião, em dias anteriores a ela. E, em alguns casos, o deslocamento também ocorre com bastante antecedência. Quando, por exemplo, você tem de fazer a apresentação em outra cidade.

Quando isso não acontece, em geral, a pessoa vive sempre muito ansiosa, pois tudo em sua agenda ocorre em cima da hora e, se algo der errado, trará um prejuízo aos compromissos firmados. Uma agenda bem montada contribui para que você tenha menos estresse em sua vida.

4. Tempo para imprevistos

Mesmo que você tenha uma agenda na qual esteja previsto o tempo de preparo, deslocamento e execução, se preencher 100% de seu tempo disponível, você continuará a ter uma agenda irreal.

O motivo é o seguinte: Qual foi o dia de sua vida no qual não ocorreu um imprevisto?

Se na vida há imprevistos e se você não reserva um tempo para lidar com eles, sua agenda continuará a ser irreal.

Para calcular o tempo que deve reservar em sua agenda para os imprevistos, você deve fazer o seguinte: para cada dia da semana, anote qual o atraso que houve em cada evento.

Por exemplo: você teve uma reunião agendada para as 10 horas, mas que começou às 11 horas. Portanto, você deve anotar 1 hora de imprevisto. Depois, já à tarde, um evento que deveria começar às 15 horas começou às 16 horas. Mais uma hora anotada. E, finalmente, o evento das 18 horas começou às 19 horas. Mais uma hora. Nesse dia, você teve um total de 3 horas de imprevistos.

Faça isso para cada dia da semana de trabalho, divida por 5 e você terá o tempo médio diário de imprevistos.

Vamos supor que você chegou à conclusão de que possui 3 horas de imprevistos por dia, em média, e que você trabalhe das 9 às 17 horas. Estamos na segunda-feira, e alguém deseja falar com você na sexta-feira, por exemplo, e sua agenda está vazia. Você insere uma reunião das 9 às 11 horas. Depois, precisa fazer um relatório que consome 2 horas. Então, você reserva das 11 às 13 horas. Logo em seguida, você almoça até as 14 horas.

E, então, outra pessoa deseja lhe falar também na sexta-feira. Sua resposta será: "Não posso! Mas poderei atendê-lo na próxima segunda-feira.".

Ou seja, não é que você não tenha esse horário disponível na agenda, mas, se você possui 3 horas de imprevistos por dia e termina de trabalhar às 17 horas, entre 14 e 17 horas é o horário reservado para imprevistos.

Curiosamente, se essa mesma pessoa ligar para você na sexta-feira às 9 horas e disser: "Olha, aquele assunto que marcamos para a próxima segunda-feira explodiu! Não há como nos falarmos hoje?", sua resposta será: "Sim, você pode vir às 14 horas.". Ou você pode remanejar seus compromissos anteriores para as 14 horas e atender essa pessoa logo pela manhã.

Ou seja, esse horário reservado para imprevistos somente pode ser utilizado quando o dia em questão chegar, e não antes. Mas, quando você está no dia, pode usá-lo para os eventos que não estavam planejados – e que agora se configuram como imprevistos.

E, na hipótese de esse tempo de imprevistos não ser utilizado completamente, você pode ainda usá-lo para adiantar sua agenda.

A agenda real, portanto, fica de acordo com a Figura 6-14.

Observe, portanto, que o tempo disponível em sua agenda é muito menor do que as horas disponíveis para o trabalho, ou seja, você tem menos tempo para programar seus compromissos do que imagina. Por essa razão, os líderes em posições elevadas têm muita consciência de que seu tempo é escasso e, por isso, têm um zelo e rigor muito grandes com a agenda. Você, contudo, pode começar a fazê-lo desde o início de sua carreira como líder.

Certa vez, uma executiva que acabara de ser promovida a gerente de recursos humanos em uma rede de supermercados me disse que não conseguia cumprir sua agenda. Sua previsão era de chegar em casa às 19 horas e todo dia chegava às 22 horas.

Quando ela fez esse exercício de organizar sua agenda a partir dos conceitos de tempos de preparo, deslocamento, execução e imprevistos, descobriu algo muito interessante: o principal imprevisto em sua vida era seu chefe. Ele era *workaholic* e, todo dia, às 8 horas da manhã, a chamava para mostrar algo que tinha feito ou descoberto à noite. Isso consumia, em média, 3 horas por dia.

Ela fez o seguinte: bloqueou sua agenda das 8 às 11 horas. Todos os demais compromissos passaram a ser marcados somente a partir das 11 horas. Com isso, poderia atender seu chefe e, ainda assim, manter sua agenda sob controle.

	SEGUNDA-FEIRA	TERÇA-FEIRA	QUARTA-FEIRA	QUINTA-FEIRA	SEXTA-FEIRA	SÁBADO	DOMINGO
	1	2	3	4	5	6	7
08		Coaching com executivo da empresa A		Palestra para ABTD-PR	Tempo para imprevistos	Viagem para Campos do Jordão	Viagem para Campos do Jordão
09	Reunião com o departamento financeiro	Execução	Coaching com executivo da empresa B				
10	Execução	Reunião com executivo da empresa M	Execução				
11	Preparação da reunião do grupo de estudos de gestão de cultura organizacional	Execução	Tempo para imprevistos				
12	Preparação da reunião com RH da empresa F	Almoço	Almoço	Almoço	Almoço		
13	Almoço						
14	Tempo para imprevistos	Preparação da reunião com o comitê de marketing	Tempo para imprevistos		Reunião com o comitê de marketing		
15	Coaching com o executivo da empresa V	Tempo para imprevistos					
16	Execução		Voo de São Paulo para Curitiba	Voo de Curitiba para São Paulo	Execução		
17	Reunião com RH da empresa F				Coaching com executivo da empresa X		
18	Execução				Execução		
19	Tempo para imprevistos	Grupo de estudos de gestão de cultura organizacional					
20	Preparação da palestra para ABTD-PR				Coaching com executivo da empresa Y		
21		Execução			Execução		

FIGURA 6-14 Exemplo de agenda real.

Aqui existe outro detalhe: além de saber qual a quantidade de horas de imprevistos que tem por dia, você deve observar também se eles ocorrem mais pela manhã, à tarde ou no decorrer do dia todo e distribuir o tempo de imprevistos de acordo com essa observação.

Por exemplo, tenho clientes em agências de propaganda e assessoria de imprensa cujas agendas são interrompidas por imprevistos principalmente à tarde. É uma característica desses setores. Já em mineradoras, em função dos turnos e da atividade ininterrupta, os imprevistos ocorrem a qualquer hora do dia.

Finalmente, para ter uma agenda bem gerida, o líder deve saber a quais tarefas deve dar preferência ao montar sua programação. Para isso, deve avaliar os compromissos por meio do critério que combina urgência e importância do evento. Em geral, as pessoas consideram que, se um evento é urgente, então necessariamente é importante também. No entanto, vamos analisar a combinação desses dois fatores para tirarmos nossas conclusões.

EVENTOS URGENTES E IMPORTANTES: O QUADRANTE DA EFICIÊNCIA

Urgentes e importantes	Não urgentes e importantes
Quadrante da eficiência	Quadrante da eficácia
Urgentes e não importantes	Não urgentes e não importantes
Quadrante da armadilha	Quadrante da inutilidade

Um evento pode ser simultaneamente urgente e importante. Um exemplo clássico é quando seu principal cliente liga e diz que precisa de seu produto o mais rápido possível para resolver uma situação.

Certa vez, quando eu ainda trabalhava na área de informática, um cliente me ligou às 14 horas de uma sexta-feira, dizendo que cometera um engano e que seu estoque de fitas magnéticas para o *backup* do final de semana era insuficiente. Perguntava se era possível eu conseguir 50 fitas até o final da tarde. Um exemplo típico de algo urgente e importante. Felizmente, foi possível atendê-lo e, às 18 horas do mesmo dia, estava entrando na empresa com a solução para meu cliente.

Um filho doente que precisa ser levado ao hospital também é um exemplo de algo urgente e importante, que deve ser feito imediatamente.

Quando você sabe lidar com aquilo que é urgente e importante, você é considerado uma pessoa eficiente. E, provavelmente, esse é um dos motivos pelos quais você foi alçado ao papel de líder.

No esquema apresentado, o quadrante em que os eventos são simultaneamente urgentes e importantes é chamado de quadrante da eficiência.

Esses eventos devem ser marcados logo na agenda, isto é, são situações que precisarão ser agendadas no próprio dia ou em dias muito próximos, pois, se isso não for feito, haverá consequências negativas muito rapidamente.

São esses eventos que, dependendo da gravidade, também ocuparão o tempo que colocamos em nossa agenda para imprevistos.

EVENTOS IMPORTANTES E QUE NÃO SÃO URGENTES: O QUADRANTE DA EFICÁCIA

Urgentes e importantes	Não urgentes e importantes
Quadrante da eficiência	Quadrante da eficácia
Urgentes e não importantes	Não urgentes e não importantes
Quadrante da armadilha	Quadrante da inutilidade

O segundo grupo de eventos é formado por aqueles que são importantes e não urgentes. Um exemplo daquilo que é importante e não é urgente é sua saúde bucal. Se você fizer o *check-up* com seu dentista hoje, na semana que vem ou daqui a um mês, é pouco provável que faça muita diferença em seus dentes. Entretanto, se você ficar mais de um ano sem ir ao dentista, quando sentir uma dor já será necessário um tratamento de canal. Ou seja, aquilo que era somente importante tornou-se urgente também.

Esse é o quadrante da eficácia. São os eventos importantes e não urgentes, que devem ter prioridade em sua agenda.

A pessoa tem de saber que, se der prioridade somente ao que é urgente e importante, pode passar por cima daquilo que é importante, mas não é urgente. Considere que um bom sinônimo para "dar prioridade" pode ser "excluir", ou seja, quando você prioriza algo em sua agenda, está excluindo outras coisas. Entretanto, se você exclui sempre o que é importante, mas não é urgente, viverá continuamente como um bombeiro, isto é, apagando incêndios a toda hora.

O brasileiro tem tendência de deixar tudo para a última hora e, por isso, vive uma sensação de que nunca está pronto, tem de improvisar sempre e não é capaz de dar conta de todas as suas responsabilidades.

Ele não percebe, mas seu comportamento cria urgência; se focar o que é importante e não urgente, não precisa sair correndo o tempo todo para dar conta de suas responsabilidades.

Em 2014, meu passaporte e meu visto para os Estados Unidos venceriam em junho e setembro, respectivamente. Minha viagem mais próxima programada para os Estados Unidos aconteceria somente em janeiro de 2015. Entretanto, em março já dei entrada em um novo passaporte, que ficou pronto em abril de 2014. Quando solicitei a renovação do visto, ele ficaria pronto em julho. O sistema de emissão, contudo, estava passando por uma atualização global, e minha entrevista para recebê-lo foi alterada – de fim de julho para fim de agosto, ou seja, praticamente um mês de atraso.

Entretanto, isso não afetou em nada minha capacidade de viajar e atender compromissos fora do Brasil. No final de agosto, meu visto estava renovado e, mesmo com esse problema, não tive de passar por momentos de ansiedade ou angústia por causa de um sistema sobre o qual não tenho o menor controle.

Quanto maior seu conhecimento e sua consciência sobre como os sistemas ao seu redor funcionam, possuindo prioridades próprias que não podem ser influenciadas por você, maior será sua atenção a questões importantes, mas que não são urgentes.

Fazer o planejamento diário é um desses compromissos que não são urgentes, mas são importantes de serem feitos. Para isso, você deve reservar pelo menos 30 minutos todos os dias para esvaziar seu caderno de anotações – aquele mesmo caderno, *tablet* ou *smartphone*, que você usou na fase de execução dos eventos para as ações que não foram possíveis serem executadas ou colocadas na agenda – e planejar.

Nesse momento, você tem duas opções: ou vai fazer a ação, ou vai colocá-la na agenda. Portanto, ao terminar seu planejamento, tudo que estava anotado no caderno estará riscado, pois ou foi realizado ou colocado na agenda dos dias seguintes.

O líder que gera resultados de longo prazo dá uma atenção redobrada a tudo aquilo que é importante e não é urgente. Quanto maior sua habilidade de priorizar essas tarefas em sua agenda, menor a possibilidade de que coisas importantes se tornem urgentes.

Priorizar essas tarefas significa ter horários semanais para verificar se o planejamento anual está sendo seguido, se as férias de seus funcionários estão sincronizadas com as necessidades do departamento, ver se o orçamento está sendo obedecido, enfim, todas aquelas rotinas que, se forem seguidas, manterão o departamento nos trilhos.

Quando as questões importantes e não urgentes são negligenciadas, em geral é quando se criam as condições para que graves problemas ocorram.

Em uma indústria de base, em um caso que acompanhei, o novo gestor do departamento de engenharia de manutenção começou a ser pressionado por menores custos. Em vez de negociar com seus fornecedores e avaliar a otimização do plano de manutenção das máquinas, o gerente começou a atrasar as manutenções preventivas.

Isso fez que o custo no curto prazo diminuísse, mas após algum tempo as máquinas começaram a parar de forma imprevista. Situações de risco começaram a acontecer, exigindo a parada dos equipamentos por longo tempo. Felizmente nenhum acidente ocorreu. Aos poucos, o jovem gerente descobriu que negligenciar a manutenção periódica dos equipamentos era um mau negócio no longo prazo. Esse é um caso típico de questão importante e não urgente que, quando colocada em segundo plano, cria urgência que, de outro modo, não deveria ocorrer.

E é por ações similares a essa que muitas urgências são criadas por profissionais destituídos de critérios que os levam a dar atenção às coisas importantes – não reservam tempo para elas em sua agenda e não lhes dão a atenção devida. Ao postergarem questões relevantes, semeiam a urgência no futuro e tornam-se, eles mesmos, verdadeiros bombeiros corporativos: saem de um incêndio a outro, na esperança de que, um dia, tudo esteja resolvido. Esse dia, porém, nunca chega até que saibam gerir apropriadamente suas agendas.

EVENTOS URGENTES E NÃO IMPORTANTES: O QUADRANTE DA ARMADILHA

Urgentes e importantes	Não urgentes e importantes
Quadrante da eficiência	Quadrante da eficácia
Urgentes e não importantes	Não urgentes e não importantes
Quadrante da armadilha	Quadrante da inutilidade

Existe um quadrante que é formado por aqueles eventos que não são importantes, mas são urgentes. São, por exemplo, aquelas reuniões em que você é chamado a participar em cima da hora. Mas, quando a reunião começa, você percebe que não tem nada a contribuir e que o assunto poderia lhe ser comunicado por *e-mail*. Aqui você está no quadrante chamado de armadilha.

Cuidado, pois aquilo que é urgente para outras pessoas não é, necessariamente, importante para você. Além disso, há pessoas que criam urgências em razão da própria falta de organização. Por exemplo, alguém que pede a você para assinar um documento que deve ser encaminhado a um cliente, ou órgão público, ainda hoje. Você, contudo, percebe que o documento esteve parado com a pessoa há mais de um mês. Portanto, como líder, oriente as pessoas sobre como organizar suas agendas também, para que situações como essas não ocorram.

Existem pessoas que se consideram importantes porque estão sempre lidando com questões urgentes. Entretanto, não se dão conta de que, por serem detalhistas, perfeccionistas ou, como mencionado, por não darem a devida atenção àquilo que é importante, mas não urgente, atrasam tarefas e projetos. Tornam-se gargalos das atividades nas organizações e vivem pedindo urgência a seus pares e subordinados por questões mal planejadas por elas mesmas.

O bom líder deve evitar ao máximo essas armadilhas e cobrar que as pessoas que as causam aprendam a administrar suas agendas com critério, para diminuir as armadilhas e eliminá-las ao longo do tempo.

Aqui cabe observar que isso também ocorre quando um gestor não sabe delegar, ou seja, pode ser algo recorrente e que aparece para o gerente como urgente e, na verdade, é algo que pode ser feito por um de seus funcionários.

Perceba, portanto, que as competências de liderança interferem umas nas outras. O que parece um problema de agenda pode ser resolvido com delegação.

O QUADRANTE DA INUTILIDADE: POR QUE FAZEMOS COISAS SEM IMPORTÂNCIA?

Urgentes e importantes	Não urgentes e importantes
Quadrante da eficiência	Quadrante da eficácia
Urgentes e não importantes	**Não urgentes e não importantes**
Quadrante da armadilha	**Quadrante da inutilidade**

Por último, uma pessoa mantida permanentemente em atividades urgentes, sejam elas importantes ou não, acaba por se refugiar em ações classificadas no último quadrante: o da inutilidade.

Por que alguém faria algo inútil em pleno horário de trabalho? Desde que a pessoa seja de boa índole, o principal motivo é: ganhar energia!

É só você observar o que a maioria das pessoas faz quando está de férias: dorme, assiste a filmes, navega na internet, fica nas redes sociais, vai à praia, enfim. O que tudo isso produz? Em termos de trabalho, nada, mas em termos de energia, muito. A inutilidade, o ócio em doses certas e no momento apropriado, produz energia para o ser humano.

É por isso que você percebe que há pessoas nas redes sociais, navegando na internet ou mesmo jogando *on-line* durante o trabalho. Elas fazem isso porque estão cansadas e precisam de energia.

Não confunda essa necessidade de recuperar energia com falta de compromisso com o trabalho. São coisas totalmente distintas – enquanto a primeira tende a levar a uma maior produtividade posterior, a segunda compromete os resultados do profissional e da equipe.

Novamente, aqui, as competências de liderança se entrelaçam e, nesse caso, se complementam. Por exemplo: se perceber que alguém de sua equipe não está produzindo, por excesso de tempo gasto em distrações como rede sociais, use o *feedback* para orientá-lo a respeito. E comunique que todos devem estar comprometidos com os propósitos da empresa, como dedicação e prazos de entrega das tarefas.

Portanto, em resumo, os eventos podem ser classificados como:

Urgentes e importantes	Não urgentes e importantes
Quadrante da eficiência	Quadrante da eficácia
Urgentes e não importantes	Não urgentes e não importantes
Quadrante da armadilha	Quadrante da inutilidade

O bom líder foca o quadrante da eficácia. É nele em que estão as maiores possibilidades de antever problemas e agir para solucioná-los.

O aprendizado para a gestão eficaz da agenda começa com a resposta às seguintes perguntas:

- O que é importante que o departamento faça regularmente para que os objetivos anuais, semestrais, trimestrais e mensais sejam atingidos?
- Que eventos devo programar periodicamente para assegurar que aquilo que é importante seja feito dentro do prazo?
- Como vou passar esse conhecimento sobre gestão de agenda para meus subordinados?

É importante ressaltar que, quanto mais pessoas souberem como gerir apropriadamente a agenda, maior o desempenho da empresa. O sincronismo das ações depende da habilidade de os líderes conversarem sobre seus planos e, principalmente, os momentos exatos nos quais algo deve estar pronto.

Por isso, o conteúdo da agenda é o resultado final de um bom planejamento e, principalmente, da boa definição dos pontos de controle, para que sejam efetuados os *follow-ups* (acompanhamentos) de cada tarefa.

Por fim, é importante que o líder saiba que não existe uma agenda profissional e outra pessoal. Os compromissos particulares devem estar na mesma agenda. Quando isso não acontece, ocorrem sobreposições de atividades profissionais às particulares, uma semente para gerar sérios problemas de família e de relacionamentos.

Conheço muitos gerentes que não possuem agenda particular e programam somente suas atividades profissionais. Com isso, nunca têm tempo para a esposa, os filhos e os eventos com amigos. No entanto, a agenda é, em última análise, um nome sofisticado que damos para nossas vidas. Uma agenda bem construída permite ao líder produzir muito mais do que somente resultados empresariais – permite que ele elabore e viva as condições plenas que deseja para si.

Lembro-me de um executivo de São Paulo que conseguiu uma grande oportunidade para sua carreira aos 50 anos. Ele iria gerir toda a implantação de uma unidade industrial fora do estado. Entretanto, sua família não o acompanharia para o local da implantação durante as obras.

Foi então que ele percebeu que precisava ficar longos períodos longe de sua esposa e seu filho. Isso o deixava muito triste e, quando retornava a São Paulo, normalmente aos finais de semana, ficava o tempo todo se lamentando da saudade e da tristeza de deixá-los tão longe e por tanto tempo.

O que ele fez, então, foi planejar com antecedência seus finais de semana com a família, especialmente os almoços de sábado e domingo. Além disso, ele criou um ritual com seu filho: ele colou um enorme pedaço de papel no quarto dele e colocou 70 quadrados simbolizando as semanas que faltavam para finalizar o projeto. Cada vez que voltava, pintava os quadrados com seu filho para ele perceber que estava cada vez mais perto o fim da obra. Era um horário específico em que podia interagir muito com o filho.

Além disso, o executivo era corintiano e, como tal, quando a semana que passara era boa, pintava o quadrado de branco e preto. Já a semana ruim era pintada de verde em tons claros ou escuros, dependendo das dificuldades que passara.

Os momentos de lamentação passaram a ser de muitas atividades significativas, e não só o executivo, mas sua esposa e seu filho também se beneficiaram muito da maneira como ele organizava sua agenda familiar aos finais de semana e se empenhava em cumpri-la.

PASSO 4: UTILIZE O ESTILO DE LIDERANÇA APROPRIADO A CADA SITUAÇÃO

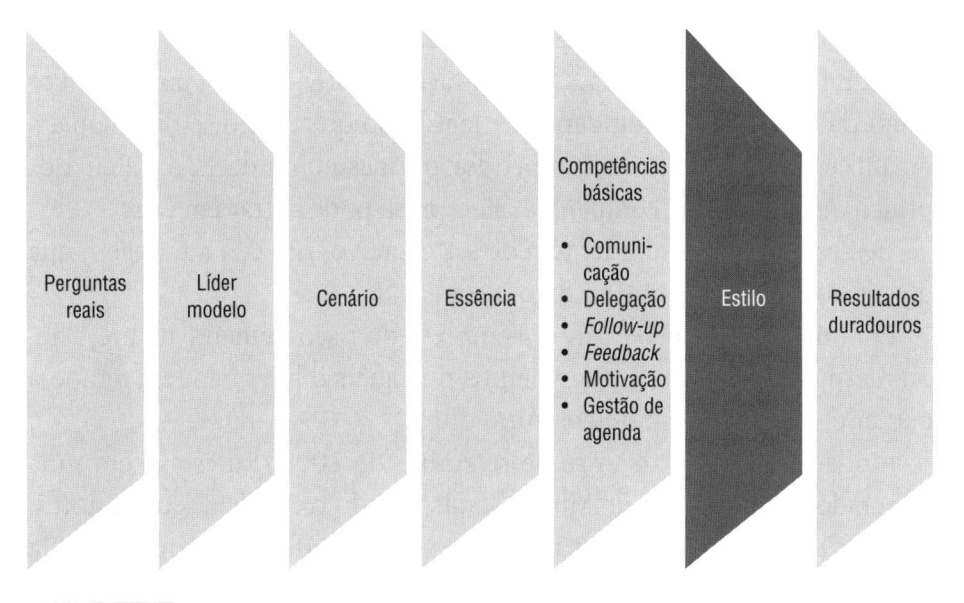

FIGURA 6-15 O caminho do líder transformador e os estilos de liderança.

Conhecer as competências de liderança e aplicá-las não produzirão os resultados desejados se você agir sempre do mesmo modo em todas as situações. É evidente que todos nós temos um estilo de liderança que preferimos na maior parte do tempo. Entretanto, o que deve determinar nossa forma de liderar é a situação, e não nossa preferência.

Quando não fazemos isso, pode acontecer de sermos duros demais em um momento que exige calma, ou sermos muito suaves em situações de crise e que exigem assertividade.

Portanto, em cada contexto, é fundamental o gestor saber qual é o estilo apropriado para manter as pessoas e as operações em curso e assegurar os resultados desejados.

Esses estilos são analisados no trabalho de Daniel Goleman, renomado psicólogo e especialista em inteligência emocional, apresentado na *Harvard Business Review*, sob o título "O que faz um líder". Foi principalmente esse estudo que utilizei como base para o que esclareço a seguir.

NOS MOMENTOS DIFÍCEIS, SEJA COERCIVO

É natural a existência de fases de contração na atividade da empresa. Por causa da economia, da mudança na legislação que rege o setor no qual a organização atua, do novo competidor ou mesmo da decisão infeliz dos principais gestores da companhia, a empresa pode entrar em crise.

Nesses momentos, o líder tem de ser coercivo, isto é, a mensagem que deve passar é "Faça o que eu digo, agora!".

Em uma crise, o foco é salvar a empresa do risco iminente de prejuízo, ou mesmo da falência. São momentos nos quais o líder não tem tempo a perder e, por isso mesmo, são muito duros.

Ainda me recordo da crise de setembro de 2008. Eu estava em uma mineradora, no interior de Minas Gerais, dando *coaching* a seus gestores, quando eles receberam uma mensagem do presidente da empresa. Ela começava com as seguintes palavras: "Estamos diante de uma crise que, provavelmente, nenhum de nós experimentará em vida novamente.".

A gravidade da situação era clara e, em seguida, ele pedia cortes profundos nos investimentos e nos custos imediatamente. Os números da companhia eram desesperadores, e o futuro estava severamente comprometido. Foi um momento dificílimo para a empresa, o qual envolveu o cancelamento de investimentos quase concluídos, o fechamento de unidades inteiras e a venda de ativos, além de demissões e todos os prejuízos à vida das pessoas.

A empresa, contudo, sobreviveu. Estabilizou-se financeiramente e readquiriu as condições de novamente definir seus rumos. A batalha foi duríssima, e a empresa provavelmente teria sucumbido se não tivesse gerentes com capacidade de serem coercivos.

Também é apropriado ser coercivo quando o gestor está diante de um funcionário difícil. O motivo pelo qual um gerente é duro com esse colaborador é que, se não o for, poderá perder a pessoa, não a desenvolverá, correrá o risco de deixá-la comprometer os resultados, destruir o clima organizacional e, em alguns casos, causar danos à imagem da empresa.

Isto é, sem uma ação mais firme do líder, a pessoa não se transformará em um líder no futuro, pois, em geral, ela é resistente, não aceita *feedbacks*, é explosiva, não obedece a ordens e reluta em aceitar as regras da empresa, entre outros comportamentos inapropriados.

Portanto, em momentos de crise e com funcionários problemáticos, ser coercivo é recomendável. Para isso, você deve deixar claro que seu comando é para ser seguido e que espera que seu funcionário o obedeça, ou você tomará as medidas cabíveis.

Certa vez, como gerente de uma empresa de informática, recebi o gestor de outra área que me disse o seguinte:

– Você quer ficar com o Guilherme?

Eu respondi:

– Como assim?

E ele continuou:

– Olha... Esse rapaz já passou pela produção, pela engenharia e pela assistência técnica e não tem jeito. Ele é muito ruim, muito indisciplinado.

Respondi a ele que alguém de 17 anos de idade será aquilo que nós fizermos dele. Se ele fosse de boa índole, poderíamos auxiliá-lo. Então pedi para que ele me mandasse o Guilherme.

O rapaz chegou ao meu departamento de bermuda e camisa regata.

Perguntei a ele se sabia o que meu departamento fazia. Ele me disse que não, e, então, expliquei-lhe em detalhes a importância de nosso trabalho para o funcionamento dos computadores e da empresa. Ele ficou muito animado.

Ao perguntar-lhe se gostaria de trabalhar em nosso departamento, ele disse que sim e, então, de maneira muito séria, eu lhe disse:

– Então, coloque uma roupa social e nunca mais apareça para trabalhar comigo de bermuda e camisa regata. Faça a barba e seja pontual.

Os meses seguintes foram muito difíceis. O rapaz era muito questionador e muito irritado também, mas, ao mesmo tempo, inteligente e carismático.

Lembro-me de que ele se recusava a chegar no horário, mesmo morando a duas quadras da empresa. Ele alegava que "todos" chegavam com atraso. Após conversar com ele inúmeras vezes sobre o fato de que, em meu setor, todos chegavam no horário, dei-lhe uma advertência por escrito.

Foi uma comoção na empresa. Ele mostrou minha mensagem a todos os demais empregados e dizia que era uma injustiça, mas passou a chegar no horário.

Com o tempo, desenvolvemos uma relação de profundo respeito e, com o passar dos anos, ele também se tornou um gerente, até em grupos multinacionais, que são mais exigentes, regrados e rigorosos com seus funcionários. Tornou-se uma pessoa muito responsável.

Se você pensar em ser querido por todos, não terá condições de ser um líder. É para isso que serve o modelo coercivo de liderança.

Entretanto, esse também é o estilo usado com mais frequência e de maneira totalmente inapropriada, porque, se os funcionários são tratados o tempo todo de maneira coerciva, o clima organizacional fica negativo e, no longo prazo, essa situação comprometerá o resultado da empresa.

Apesar dessa consequência indesejável, muitos gerentes são coercivos constantemente, porque esse estilo atinge resultados de curto prazo positivos. E, em empresas sociedades anônimas (S.A.), por exemplo, os lucros são distribuídos para seus acionistas a cada três meses. Esse tempo é curto demais para que os resultados apareçam a partir de planos que precisam de tempo maior para serem executados. E, em empresas familiares, a exigência de lucros mensais é ainda mais exasperante para as pessoas.

Em geral, o que vemos, como consequência, são empresas que dão resultados de curto prazo por certo tempo e, de repente, passam por um grande prejuízo. E então o ciclo recomeça. São companhias que, eventualmente, até crescem, mas à custa de muito estresse e desgaste de seu pessoal. Em geral, vivem de altos e baixos em seus resultados e, no longo prazo, apenas sobrevivem.

Portanto, somente em momentos de crise e com funcionários problemáticos é que o líder deve ser coercivo.

MOBILIZAR PARA QUE TODOS TENHAM UMA VISÃO GRANDIOSA

Poucos de nós tiveram o privilégio de trabalhar com um grande empreendedor no início de sua empreitada. Fico imaginando como seria conviver com o comandante Rolim nos anos 1960 e 1970, e sua visão inabalável de grandeza para a TAM – hoje, Latam, ou com Ozires Silva, na década de 1960, e a criação da Embraer.

Sempre que um líder precisa mostrar uma visão de futuro grandiosa, a melhor forma de liderar é ser mobilizador. A mensagem que deve ser transmitida é "Venham comigo!". Mesmo se você vier a ser o gerente de um departamento em processo profundo de transformação, que exige uma nova visão, deve ser mobilizador. Uma nova visão significa a resposta a uma grande oportunidade que deve ser aproveitada, a adaptações em sua operação por causa de modificações no contexto da empresa ou ainda a uma tecnologia que mudou a forma de a empresa operar. Enfim, é um futuro que exige que as pessoas transformem seu comportamento e seus diálogos para serem bem-sucedidas quando ele chegar.

Por exemplo, na década de 1980, os microcomputadores começaram a ser adquiridos em larga escala pelas empresas. Fabricantes como IBM e Digital Equipment Corporation (DEC) dominavam o mercado com máquinas muito mais caras, como *mainframes* e Risc (*Reduction Instruction Set Computer* – computadores de médio porte com conjunto de instruções reduzidas).

Ao longo das décadas seguintes, a IBM percebeu que teria de se adaptar à nova realidade. Ela deixou de ser uma empresa de computadores de grande porte para se tornar uma integradora de soluções computacionais. Reinventou-se.

Já a DEC demorou muito para aceitar essa nova realidade. Ela acreditava que, se fizesse os melhores computadores, iria se manter no mercado. Essa falta de visão a fez sucumbir e, em 1997, foi comprada pela Compaq, que, posteriormente, foi adquirida pela HP.

Nos dias atuais, agências de propaganda estão passando por algo semelhante ao terem de se adaptar às transformações impostas pela internet, pelas redes sociais, pelos aplicativos e pelas novas formas de atingir os clientes e de serem medidas. De um mercado baseado em um número limitado de veículos e métricas, elas passaram a ter de lidar com inúmeros veículos e uma quantidade gigantesca de dados para distribuir e mensurar as campanhas. Por essa razão, empresas como a própria IBM, a Accenture, a Deloitte e a PWC, entre outras, estão adquirindo agências. Nesse complexo cenário, quem será capaz de ter uma nova visão de rumo para essas companhias?

Isso exige muito carisma, poder de convencimento e uma crença inabalável de que a direção a ser seguida é a correta.

Há muita grandeza no líder mobilizador e esse é o estilo considerado o mais positivo de todos. Ainda assim, deve ser utilizado somente em momentos nos quais uma nova visão do futuro é necessária.

Empresas como Google e Tesla só existem pela singular visão de futuro de seus fundadores e líderes. Mais do que apenas gerir as companhias, eles observam como o futuro será, a partir de novas formas que seus produtos e serviços podem assumir, e mobilizam toda a empresa para essa tarefa.

Posteriormente, com muita habilidade, comunicam essa visão ao mercado e a transformam na visão de seus consumidores que, mobilizados, adotam as novas tecnologias que essas empresas lançam.

Para isso, os líderes fazem as pessoas imaginarem como seus sonhos poderiam se realizar, por meio dessas novas tecnologias, e pensarem além, verem possibilidades que hoje são inimagináveis. Ao fazer isso, eles tocam e inspiram os indivíduos que, mobilizados, passam a compreender, a ansiar e, no momento apropriado, a adquirir seus produtos e serviços.

Em um departamento, você também deverá ser capaz de mostrar para seus funcionários a importância do novo rumo a ser trilhado e quanto isso vai beneficiá-los e desenvolvê-los. E convidá-los a construir esse futuro e caminhar junto com você.

São líderes assim que criam o futuro, em vez de prevê-lo. Um resultado fantástico para esse estilo de liderança.

PARA TIRAR SUAS DÚVIDAS, SEJA DEMOCRÁTICO

As pessoas que ainda não são líderes dizem que, quando o forem, serão democráticas. Desejarão ouvir a todos e pedirão que se expressem a respeito de tudo.

Infelizmente, por causa das restrições de tempo, esse estilo de liderança não pode ser utilizado constantemente. Se você precisar ouvir todo mundo a cada tomada de decisão, sua empresa ou departamento serão muito lentos, os problemas vão se acumular e se tornarão impossíveis de administrar.

Você deve ser democrático essencialmente nos momentos nos quais precisa de mais informações. Decisões críticas de orçamento, mudanças de setores e demissões são exemplos de cenários nos quais o líder deve ouvir muito.

A mensagem que deve transmitir é: "Quero entender completamente a situação.".

Certa vez, em uma indústria automobilística, havia uma cortina, colocada em uma janela que ficava a uma grande altura, o que causava um tremendo transtorno para o setor de serviços gerais. O gerente de segurança da empresa queria retirá-la, pois considerava arriscado demais o trabalhador ter de subir até ela para fazer a limpeza – o que ainda exigia que as máquinas próximas à área abaixo da cortina fossem desligadas na operação de limpeza. É claro que o gerente de produção não autorizava essa medida. Ambos solicitaram a ajuda do gerente de recursos humanos.

Os três gerentes se reuniram e foram apresentados os argumentos para que a cortina fosse retirada ou mantida. Até que decidiram ir ao local exato da situação. Ao chegarem lá, verificaram que, de fato, onde a cortina ficava apresentava muitos riscos para aquele que fosse limpá-la. Entretanto, o gerente de segurança resolveu conversar com os funcionários que operavam as máquinas. Após explicar a situação, um deles, que trabalhava na empresa há mais tempo, pediu a palavra e disse o seguinte:

– Essa cortina foi colocada ali há oito anos porque o sol, em determinado momento do dia, incidia diretamente nos olhos do operador da máquina. Entretanto, a ampliação da fábrica fez surgir um prédio ao lado que tampa essa janela e, portanto, a luz não ofusca mais ninguém. A cortina pode ser retirada, sem problema para nós.

A discussão foi encerrada.

Esse estilo, entretanto, demanda muita atenção por parte dos líderes no Brasil. Isso por causa de uma característica cultural que é única: em todos os países o consenso é uma das formas de atingir um objetivo. No Brasil, o consenso é sempre o objetivo. Por essa razão, é comum vermos, em meio a uma reunião, alguém dizer "Mas isso não é consenso!", como se houvesse uma ordem superior que determinasse que "se não há consenso, então não podemos fazer, não podemos decidir".

Esse é um dos motivos pelos quais os problemas do Brasil não são resolvidos, ou o são de maneira exasperantemente lenta. O brasileiro espera que todos concordem com uma decisão e, mais que isso, ele entende que, se não concorda, então tem de ser convencido ou não fará o que dele é solicitado.

Ser líder no Brasil é mais complexo que em qualquer outra cultura.

Certa vez, uma empreendedora do setor de testes de tendências comportamentais estava precisando aumentar sua capacidade de desenvolvimento de *software*. Entretanto, já não havia mais programadores brasileiros treinados na região em que sua empresa se localizava. Decidiu, então, contratar programadores em outros países. Escolheu americanos e indianos para testar o trabalho de ambos diante das especificações do programa de que precisava.

Ela teve a seguinte ideia: pegou o mesmo trecho do *software* a ser desenvolvido e entregou para um grupo de programadores brasileiros, outro de indianos e outro de americanos.

O grupo americano entregou o que ela pediu em uma semana. Ela não precisou dar nenhum esclarecimento adicional, e o programa fazia exatamente o que era esperado.

O grupo indiano demorou dez dias e precisou de uma correção para que o *software* estivesse como ela precisava.

O grupo brasileiro precisou de duas reuniões prévias, nas quais os participantes conversaram sobre diversos temas relacionados ao *software*. Alguns não estavam convencidos de que aquela parte do programa deveria ser feita naquele momento, pois havia, segundo eles, outras prioridades. A líder teve de dialogar muito com eles, até dirimir todas as questões. O resultado foi que o programa foi entregue quatro semanas depois e houve duas revisões no processo. Foi mais desgastante e demorado do que com os outros dois grupos.

Portanto, o uso do estilo democrático é extremamente bem-visto pelos funcionários brasileiros. Entretanto, nem sempre ele faz convergir para uma decisão apropriada e raramente é rápido o bastante para cumprir os propósitos da empresa. Assim, a regra é utilizá-lo somente quando você realmente precisar do consenso entre as pessoas ou de maiores informações para a tomada de decisão.

TENHA UM RITMO ACELERADO PARA PRODUZIR NO PRAZO INEGOCIÁVEL

Existe um estilo de liderança apropriado para os momentos nos quais o ritmo de trabalho tem de ser acelerado e um evento deve ocorrer na hora certa, ou haverá perdas para a empresa. Ele é chamado de marca-passo.

Se você acompanha esportes olímpicos, deve se lembrar da competição de remo chamada "quatro com patrão". O patrão é o timoneiro, e ele dá o ritmo das remadas dos demais. Todos devem remar de maneira sincronizada para que o barco atinja a maior velocidade possível, visando, é claro, ganhar a prova.

Na empresa, esse estilo deve ser usado sempre que houver um limite de tempo que não pode ser ultrapassado.

Por exemplo, em escritórios de contabilidade, o mês de abril deve ser gerido de maneira marca-passo. Isso porque a data-limite para a entrega da declaração do imposto de renda por parte dos contribuintes é 30 de abril. Ou seja, para ganhar o máximo possível e cumprir a lei, os escritórios devem ter metas diárias de preenchimento de declarações, e seus líderes devem ditar o ritmo de trabalho de todos.

A mensagem, portanto, é "Façam o que tem de ser feito, no ritmo, e rápido!".

Em empresas de bebidas e alimentos, ocorre o mesmo. Se um cliente em um restaurante pedir uma cerveja a um garçom e ele não tiver, no dia seguinte, esse mesmo cliente não tomará duas cervejas. Portanto, a oportunidade estará perdida para sempre. Se você é gestor em uma fábrica de bebidas, seguramente deverá adotar esse estilo em boa parte do tempo e, principalmente, em temporadas que antecedem o verão ou em grandes festas, como o carnaval.

Mas, atenção! Esse estilo depende muito de sua equipe estar bem treinada e se motivar com o alto desempenho. Isso porque é um estilo que gera um clima organizacional negativo, em razão do estresse que provoca em todos. Portanto, deve ter momentos de descompressão, ou seu time sofrerá esgotamento e elevada rotatividade.

Ter momentos de descompressão significa que, de tempos em tempos, as pessoas precisam parar a atividade e se energizar, descansar um pouco. Ninguém é capaz de manter um ritmo acelerado indefinidamente. Também é importante, logo após o resultado acontecer, estabelecer uma celebração, um período de descanso ou de ritmo muito menor. É desse modo que se evita o esgotamento das pessoas, que pode ser de caráter físico, mental ou emocional.

Portanto, quando o prazo é inegociável, estabeleça o ritmo e exija rapidez de seu time de alto desempenho.

QUANDO OCORRER O ESTRESSE, SEJA AFILIATIVO

As transformações atuais provocam a fusão de empresas cada vez com mais frequência. A luta para manter as operações dentro do orçamento planejado gera muita discussão entre os departamentos e, por vezes, também a extinção de alguns deles e sua fusão com outros. Isso tudo ocasiona muito estresse e rixas entre os funcionários. E é para lidar com essas questões que existe o estilo afiliativo de liderança.

Esse estilo transmite a seguinte mensagem: "Temos um propósito maior. Vamos trabalhar juntos para cumpri-lo.".

Na crise econômica de 2008, que atingiu o mundo todo e teve repercussão aguda em alguns mercados no Brasil, notadamente nos de mineração e de alimentos, formaram-se grandes grupos, com empresas se fundindo com seus concorrentes diretos, para enfrentar e sobreviver à crise. Entre elas estava o Banco Itaú, que comprou o Unibanco. Você pode imaginar o que se passou na cabeça dos funcionários do Unibanco diante da fusão? "Serei demitido" foi o que passou na mente da maioria deles.

A fim de passar uma mensagem clara de que os funcionários seriam avaliados e os melhores entre eles permaneceriam no banco, o Itaú estabeleceu que o CEO do grupo seria um executivo vindo do Unibanco. Ou seja, com uma única ação, foi passada a todos a mensagem necessária de que o grupo resultante tinha o propósito maior de ficar com os melhores funcionários.

Esse é um estilo fundamental em fusões, que são momentos nos quais as pessoas se comportam de "maneira tribal" – ou seja, identificam-se como empresa "ex-A" ou como empresa "ex-B" e se esquecem de que o propósito maior é fazer a nova companhia funcionar.

Essa conjugação de forças também pode acontecer entre departamentos de uma mesma companhia.

Certa vez, em uma indústria de base, houve uma discussão muito intensa sobre como o departamento de manutenção deveria trabalhar. O problema era que ele definia suas prioridades sozinho e, por vezes, atendia a outras necessidades da empresa, em detrimento do setor de operações. Isso acarretava danos na produtividade, em razão de paradas não programadas das atividades da companhia, causadas por atrasos na manutenção.

Depois de testarem várias formas de definir as prioridades, chegaram à conclusão de que o departamento de manutenção e o de operações deveriam se fundir, isto é, ficar sob a mesma diretoria e ter um único gerente para ambos. Desse modo, as máquinas e os equipamentos responsáveis pelos principais trabalhos da empresa teriam prioridade na agenda de manutenção.

Isso causou muito estresse entre os funcionários de ambos os departamentos. Entretanto, o gerente de manutenção, que seria transferido para a área de engenharia, demonstrou aos seus funcionários, com muita habilidade, que as mudanças eram para melhor. Primeiro, porque estariam todos em um departamento maior e com maiores orçamentos para seus trabalhos. Segundo, porque agora teriam maior certeza de que suas ações estavam 100% alinhadas com as principais necessidades da empresa.

Isso daria condições a todos de ter uma exposição mais positiva de seu trabalho e da importância dele para a companhia.

No começo foi difícil a junção, em razão da resistência dos funcionários da manutenção em priorizar as demandas das operações, em detrimento das demais áreas. Com o passar dos meses, ficou claro que, ao manterem os trabalhos dessa área em funcionamento, ganharam mais tempo para cuidar das demais. O que parecia um descuido com os outros setores revelou-se uma ação acertada para atender ao propósito maior de manter todos os departamentos atendidos pela manutenção.

Esse processo exigiu muita serenidade e perseverança do gerente e do diretor de operações. Mas o que lhes permitiu conduzir os funcionários nesse período foi o fomento dos propósitos maiores da companhia. A todo momento, eles convidavam e afiliavam todos os envolvidos a verem a situação de maneira mais abrangente e positiva.

Essa é uma característica desse estilo de liderança: ele promove um clima organizacional positivo e é muito demandado nos dias de hoje.

SEMPRE DESENVOLVA SEU TIME, SEJA UM *COACH*

As empresas precisam de resultados de curto e de longo prazos, porque nem sempre nossas escolhas de curto prazo são apropriadas quando pensamos em um horizonte de tempo maior.

Por esse motivo, o que se espera dos líderes de hoje é que desenvolvam a si mesmos e aos demais com uma visão de equilíbrio entre os resultados de curto e de longo prazos, o que nos leva ao estilo de liderança mais demandado nos dias atuais: o *coach*.

Ou seja, o líder *coach* é aquele que desenvolve pessoas. A mensagem fundamental de suas ações e diálogos sugere aos seus liderados que "experimentem fazer algo de determinado modo". E o modo sugerido vem da ciência, das melhores práticas, de sua experiência profissional ou de sua intuição.

Com essa intenção, o líder deve transmitir seus pensamentos em forma de perguntas. Se quisermos fazer as pessoas pensarem, temos de saber formular perguntas poderosas, ou seja, aquelas que desafiam o indivíduo a produzir uma reflexão, mas que culmine em uma ação necessária para que um objetivo seja atingido.

O CCL, Center for Creative Leadership, nos traz uma história que é emblemática sobre o tema.

Certa vez, dois gerentes discutiam sobre seus pontos de vista a respeito de uma questão interna da empresa. O que era para ser um debate cordial começou a degenerar para uma luta aberta por mais orçamento e poder.

Os dois gerentes estavam acostumados com um diretor que sempre lhes dizia: "Não quero me envolver nas questões entre vocês. Resolvam seus problemas e me tragam o resultado!". Entretanto, esse diretor foi substituído em dado instante e seu substituto tinha uma formação diferenciada em liderança e era um estudioso do tema.

Um dos gerentes, acostumado ao jeito do diretor anterior e querendo assegurar que poderia continuar a agir de maneira livre nessa disputa, levou a questão para o novo diretor. Este o ouviu atentamente e, ao final, disse o seguinte:

– Entendo sua posição, mas gostaria que você me respondesse o seguinte: Você tem certeza de que o outro gerente entende completamente seu ponto de vista?

O gerente ficou em silêncio, e o diretor completou:

– Você tem certeza de que entende completamente o ponto de vista do outro gerente?

O gerente refletiu longamente sobre aquelas perguntas e, nos dias que se seguiram, conversou muito com o outro gerente. Ambos discutiram, trocaram ideias, só que dessa vez chegaram a uma solução que atendia à empresa.

Portanto, com duas perguntas, o diretor, em vez de afirmar seu ponto de vista, fez o gerente refletir sobre o propósito de suas ações. Acima de tudo, abriu um novo campo de ideias que forjaram um comportamento mais apropriado dos dois gerentes. Além disso, deixou claro que a luta pelo poder entre ambos não preenchia o propósito da empresa, mas que eles deveriam trabalhar em harmonia e compreender os pontos de vista diferentes.

Uma pergunta é poderosa quando muda a visão do indivíduo a respeito de uma questão, fazendo-o refletir e transformar sua ação na direção desejada pelo líder.

Algumas sugestões de perguntas poderosas:

- O que mais você pode fazer para resolver essa questão?
- Se você estivesse no lugar dessa pessoa que está lhe pedindo ajuda, como se sentiria se recebesse um "não" como resposta?
- Qual o seu propósito nessa situação?
- Do que você tem de abrir mão para poder resolver esse problema?
- A que você está resistindo? Ao novo? Ao desconhecido?
- O que acontecerá se você admitir que mudou de opinião?
- Que outras possibilidades existem?
- Que aspectos você deve considerar para resolver esse problema?

Portanto, a melhor forma de o gestor levar as pessoas a pensarem e agirem como deseja é por meio de perguntas, não de afirmações. Ao fazer isso, o líder possibilita a seus liderados construírem o pensamento, e não simplesmente o adotarem sem refletir. Pois é a reflexão, antes da ação, que faz essa última ser consciente e focada em agregar valor para atingir os resultados desejados.

É desse modo que o líder *coach* forma novos líderes e dedica-se a essa tarefa todos os dias, na busca de resultados que atendam às necessidades atuais e futuras da empresa. Portanto, se a empresa desejar existir por 20 anos, ou mais, deve se ocupar em formar bons líderes o tempo todo. São eles que asseguram resultados duradouros.

Finalizando, não é o estilo preferido do líder que deve ser o critério para sua maneira de liderar, mas a situação a que está submetido.

Quando o gerente não tem consciência de que deve adaptar seu estilo de liderança ao contexto, ele pode ser coercivo, quando deveria ser afiliativo; democrático, quando deveria ser marca-passo; ou visionário, quando deveria ser *coach*. O uso do estilo inapropriado causa danos aos resultados da empresa e ao clima organizacional.

Por outro lado, saber a maneira como agir em cada situação o faz gastar menos energia para conduzi-la, aprimora o clima organizacional, motiva as pessoas e possibilita maior equilíbrio dos resultados de curto e longo prazos.

Por isso, é fundamental conhecer e exercitar os diversos estilos de liderança, de acordo com cada momento empresarial.

PASSO 5: CONTRIBUA PARA QUE A EMPRESA SE TRANSFORME EM UMA COMUNIDADE DE RESULTADOS DURADOUROS

Perguntas reais → Líder modelo → Cenário → Essência → Competências básicas
- Comunicação
- Delegação
- *Follow-up*
- *Feedback*
- Motivação
- Gestão de agenda

→ Estilo → Resultados duradouros

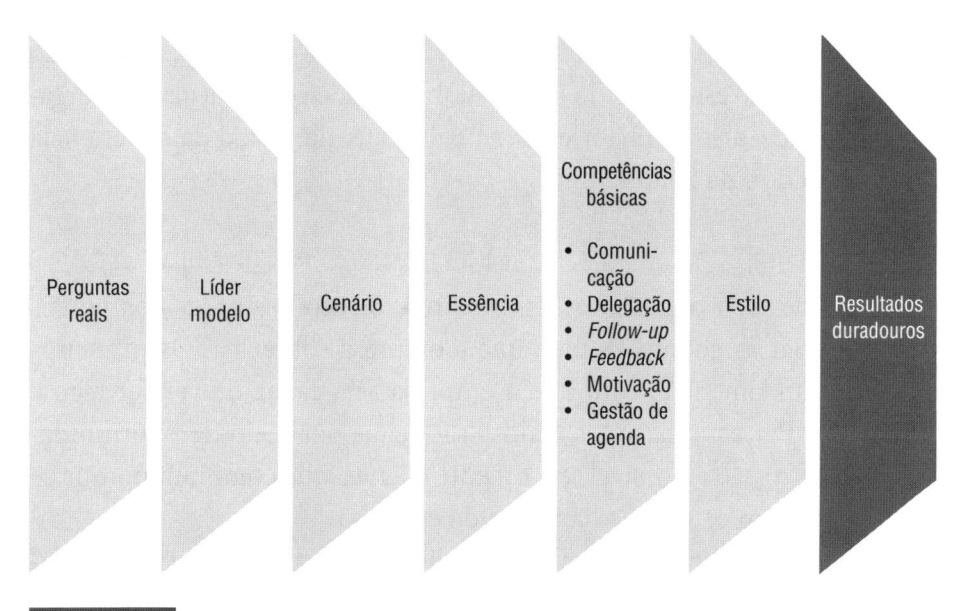

FIGURA 6-16 O caminho do líder transformador e os resultados duradouros.

O vínculo que as pessoas desenvolvem com a empresa é o principal elemento que vai mantê-las por perto. Quer sejam clientes ou funcionários, o que a companhia deve almejar é atraí-los e retê-los para que possa crescer e prosperar. Nenhuma empresa pode prosperar sem funcionários motivados e engajados, tampouco sem clientes que comprem repetidamente seus produtos e serviços. Mais que isso, que os indiquem a outras pessoas.

E os líderes são os principais responsáveis por estabelecer e manter esse vínculo. Manter por perto os clientes significa que eles podem até reclamar e falar a respeito da empresa pelas redes sociais, mas não deixam de comprar os produtos e, principalmente, de direcionar as ações da empresa.

Ou seja, quando eles reclamam, orientam a empresa a respeito de que caminho seguir para deixá-los muito satisfeitos.

Esse é um caminho sem fim, isto é, cíclico, de pesquisar e compreender quem são esses clientes e como pensam e se comportam. E são informações fundamentais para líderes que desejam construir bases sólidas para atingir e manter resultados duradouros.

O que vou lhe mostrar a partir de agora são as bases para que você aprenda a competência mais demandada pelos CEOs e pelos presidentes: a de que os gerentes entendam do negócio da empresa. É uma combinação dos conceitos de estratégia de Peter Belohlavek, de gestão de cultura organizacional de Carolyn Taylor e, principalmente, da gestão da experiência do consumidor, de Shaun Smith.

A ESTRATÉGIA DEVE SER COMO UM AVIÃO: TER DUAS ASAS

No início de toda organização empresarial, o foco das ações dos líderes deve ser criar as condições para que a empresa sobreviva. Os primeiros anos são fundamentais para que a empresa seja capaz de vender algo e sobreviver. Por essa razão, as vendas são feitas por meio de oportunidades; portanto, não é possível ter somente clientes que compram porque se identificam com os valores da marca da empresa.

Isso significa que a companhia terá clientes que pedirão preços menores – mesmo que seu produto ou serviço seja de altíssima qualidade –, não darão importância aos seus diferenciais e minimizarão valores cruciais de sua marca. É um período difícil, que exige muita persistência dos líderes da empresa para que ela se firme no mercado.

Entretanto, a estratégia de uma organização deve prever as ações que fará para sobreviver e crescer, ou seja, a companhia deve ver sua estratégia como única, mas formada por dois componentes: sobrevivência e crescimento.

Tudo aquilo que a empresa faz para sobreviver assegurará o pagamento de suas despesas mensais. Se uma organização não é capaz de fazê-lo, ela não sobreviverá.

O que a companhia fizer para crescer lhe permitirá ter maiores estruturas, mais pessoas e atender a mais clientes.

É, portanto, uma única estratégia, mas com dois componentes. Imagine a estratégia como um avião: possui duas asas para voar.

Se o líder pensar e agir somente pautado pela parte da estratégia responsável pela sobrevivência, ao longo do tempo gerará desgaste e estresse em seu time. Pessoas e organizações não existem somente para sobreviver.

Conheço inúmeras empresas que tentam crescer usando planos e ações de sobrevivência. O resultado, ao longo dos anos, é que as pessoas ficam exaustas. Até mesmo os líderes percebem que suas vidas são dedicadas quase que exclusivamente ao trabalho, e um único dia sem estarem presentes pode causar sérios danos aos resultados.

Em geral, negócios pequenos têm essa característica e não crescem porque dependem muito de seu líder que, com frequência, é o proprietário da empresa. Há, contudo, empresas grandes que também se encontram nessa situação.

Entretanto, se só sobreviver gera estresse, pensar exclusivamente no crescimento gera utopia, ou seja, é aquela situação do líder que vê um grande negócio que será fechado dentro de um ano ou mais. Ele, porém, não sabe o que fazer para pagar as contas até lá.

Em geral, líderes que pensam somente nas grandes negociações que estão no longo prazo, mas ignoram suas contas mensais, acabam endividando suas empresas e, se os negócios do futuro não acontecem, entram em grandes dificuldades.

É comum ver companhias em concordata, ou em fase pré-falimentar, que estão aguardando por um negócio milagroso, mas são raras as vezes em que ele acontece.

Portanto, o líder deve pensar nos resultados de curto e de longo prazos, ou seja, nos resultados duradouros!

E para isso, sua estratégia, ao longo do tempo, deve atrair pessoas muito específicas, sejam funcionários ou, principalmente, clientes. Vou lhe mostrar como isso deve ser feito e, então, você vai perceber que, mesmo sendo um líder em início de carreira, tem um papel fundamental para a empresa.

AUXILIE A EMPRESA A DESCOBRIR QUAIS SÃO OS VALORES, AS CRENÇAS E OS PROPÓSITOS DOS CLIENTES MAIS LUCRATIVOS

Passados os anos iniciais, as empresas devem pensar com maior profundidade sobre quem são os clientes que, se forem atraídos a comprar seus produtos e serviços, compreenderão melhor seus diferenciais e suas qualidades. Esses clientes estão dispostos a pagar o valor justo pelo que compram e a se manter leais às marcas. Eles são os mais lucrativos.

Assim como, em uma emergência no avião, a recomendação é que você coloque primeiro a sua máscara e depois auxilie às demais pessoas, a empresa também deve dar prioridade aos clientes mais lucrativos. Ela não deixará de atender a todos, mas sabe que, para crescer e possibilitar o atendimento a todos os tipos de clientes, precisará estar segura de que, ao fazê-lo, não comprometerá seu resultado, principalmente de longo prazo.

E o líder tem um papel fundamental nessa estratégia, o qual veremos a partir de agora.

Muitas empresas não sabem a razão pela qual os clientes compram seus produtos. E sempre que esse "não saber" acontece, a organização, para tentar aumentar seus resultados, costuma concentrar seus esforços em ações visando diretamente ao incremento das vendas e à redução dos custos. O resultado final, como vimos, é que ela começa a atrair todo tipo de cliente, até aqueles que não dão lucro para a companhia. E, é claro, compromete o próprio atendimento a seus clientes.

É esse cenário que gera a sobrevivência, como mencionei, ou seja, todos na empresa trabalham cada vez mais para produzir ganhos ínfimos. O estresse se instala, e o que temos no final é um grupo de funcionários formado apenas por sobreviventes. E a empresa também se torna somente uma sobrevivente no mercado.

Ser uma sobrevivente significa que todos dentro da companhia trabalham muito, há excesso de horas extras e muito esforço contínuo de seus funcionários e líderes. Entretanto, entra ano, sai ano, a empresa tem uma lucratividade muito baixa, que mal atende a suas necessidades de investimento para crescer, ou seja, ela só sobrevive.

A causa disso está no desconhecimento dos motivadores mais elevados, que levam os clientes a adquirir os produtos e serviços da empresa e que, em última análise, conectam as pessoas emocionalmente a ela.

Para descobrir esses motivadores, a organização deve ser capaz de responder à seguinte pergunta: "Quais são os valores, as crenças e os propósitos de nossos clientes mais lucrativos?".

Em primeiro lugar, portanto, devemos descobrir quem são os clientes que geram maiores resultados para a empresa. Essa pergunta deve ser respondida não pelo departamento de marketing ou de vendas, porque esses departamentos tendem a considerar os clientes com maior volume de compras como os mais importantes e que, na realidade, nem sempre são os mais lucrativos. Essa resposta deve vir obrigatoriamente do setor financeiro da empresa, pois é ele que tem a visão real de quais são os clientes mais lucrativos.

A partir dessa informação, o departamento de comunicação deve buscar responder à pergunta acima.

Os valores são fundamentos que os clientes utilizam para uma decisão, especialmente em momentos em que a ética está em jogo. Isto é, devo comprar esse produto porque ele é mais barato ou aquele que polui menos o ambiente? Ou aquele que me dá mais liberdade? Ou, ainda, aquele que me oferece mais *status*? Enfim, os valores das pessoas são muitos.

As crenças são pensamentos que esclarecem os valores. Você pode encontrar o mesmo valor em duas pessoas, mas crenças totalmente diferentes entre elas. Por exemplo: justiça para alguém pode significar oportunidades iguais para todos, mas para outra pessoa pode significar oportunidades maiores para quem entrega mais, ou seja, valores iguais e crenças diferentes.

Um grande erro que a maioria dos líderes comete é discursar sobre seus valores, sem esclarecer suas crenças. Nenhuma pessoa discordará de seus valores, mas nem todas vão concordar com suas crenças.

Outro ponto importante é que a empresa deve saber qual propósito seus clientes desejam cumprir. O propósito é a razão maior pela qual o cliente compra seus produtos. É a causa que ele defende.

Por exemplo, alguém que adquire uma Harley-Davidson não compra uma moto, mas uma expressão de liberdade.

Quem adquire um produto da Apple não compra tecnologia, mas um modo simples de utilizá-la e resolver seus problemas.

E existem clientes que compram produtos e serviços de empresas que auxiliam causas específicas como: crianças em países em crise, cura do câncer, pesquisas sobre doenças raras e degenerativas, desenvolvimento de comunidades locais, auxílio a mulheres em situação de risco, entre outras.

Portanto, os líderes devem saber e, mais que isso, ter consciência de quais são os valores, as crenças e os propósitos dos clientes mais lucrativos e como eles os expressam. E torná-los presentes em cada uma de suas ações.

Lembre-se: essas informações nos permitem saber quem são os clientes prioritários para a companhia. E reforço que isso não significa que os demais não serão atendidos, mas apenas orienta quais clientes devem ser atraídos e que contribuirão de maneira mais decisiva para o futuro da empresa. Vou lhe mostrar como isso acontece a seguir.

AJUDE A COMPANHIA A CRIAR E DESENVOLVER UMA CULTURA EMPRESARIAL QUE INCORPORE E EXPRESSE ESSES FATORES

A partir do momento em que a empresa conhece esses elementos, ela deve criar uma cultura que os fomente. Os líderes são os principais responsáveis por isso.

Toda vez que uma decisão deve ser tomada, esses fatores devem ser observados para que a empresa os expresse com integridade.

Isso significa o seguinte: se uma empresa diz que possui um produto que exprime simplicidade, ele deve ser fácil de ser utilizado, o serviço de atendimento ao cliente também deve ser simples de ser acessado, assim como a assistência técnica. A empresa não pode ser burocrática, e o ambiente deve ter uma arquitetura que também expresse essa simplicidade prometida.

Criar uma cultura que incorpore os valores, as crenças e os propósitos dos clientes é algo permanente e que deve detalhar cada ponto da organização, com especial atenção aos momentos de contato com o cliente. Isso porque, a cada instante, o cliente vive uma experiência com a marca da empresa. Nesse momento, ou se cria valor para a marca ou se destrói a marca. E são os funcionários os principais responsáveis por essa experiência do cliente. E você, como líder, cuida dos funcionários.

Procure se lembrar, por exemplo, da vez mais recente em que teve de entrar em contato pessoalmente ou por telefone com sua companhia de celular. Como foi o atendimento? Como foi a experiência? A partir daí, fica muito fácil perceber sobre o que estamos falando aqui.

Então, estes são os momentos mais marcantes para os clientes: aqueles nos quais estão em contato com um funcionário da empresa. Ele expressará a experiência que vive com um líder. Por exemplo, um gerente que é muito duro com seus funcionários fomentará pessoas que serão muito duras com os clientes. Um gestor que é muito burocrático com seus funcionários fomentará burocracia na relação entre eles e os clientes.

Portanto, o elemento mais importante é a integridade do líder com os valores, as crenças e os propósitos da empresa, os quais, em última análise, devem ser os mesmos de seus clientes, especialmente os mais lucrativos.

Ser íntegro significa que esses fatores não são apenas declarados ou escritos na visão e na missão da empresa, mas vivenciados pelos líderes em suas ações e seus diálogos com todos.

AUXILIE A EMPRESA A FORMAR UMA COMUNIDADE DE PESSOAS IGUAIS AOS CLIENTES MAIS LUCRATIVOS

Não é apenas o departamento de recursos humanos que tem a função de atrair e reter talentos. E o departamento de marketing também não é o único responsável pela comunicação da empresa e pela atração dos clientes. Todos os líderes devem estar incumbidos dessas responsabilidades, e isso inclui você.

Na verdade, atração e retenção de talentos e clientes são o mesmo problema: como atrair e reter pessoas?

A grande transformação que toda empresa deve ansiar é que ela seja vista como uma comunidade formada por acionistas, líderes, funcionários, fornecedores e clientes. Nesse contexto, os clientes deixam de existir como simples compradores e passam a se comportar como defensores da marca.

Vamos esclarecer isso refletindo mais profundamente sobre os comportamentos possíveis dos clientes. Um cliente pode assumir qualquer posição entre dois extremos: terrorista e defensor.

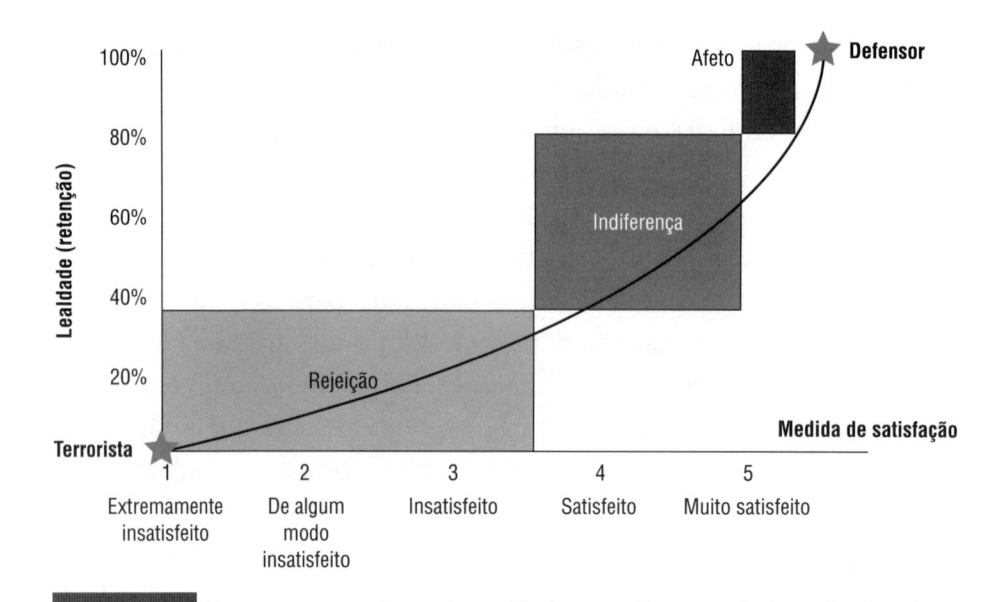

FIGURA 6-17 Bases em comportamentos e atitudes específicas e muito bem direcionadas.

Fonte: Com base na adaptação de Shaun Smith, baseado em: Heskett, J. L. et al. Putting the Service Profit Chain to Work, *Harvard Business Review 72*, n. 2, mar./abr. 1994.

O terrorista é aquele que, sem ninguém lhe perguntar nada, fala mal de uma empresa ou uma marca. Já o defensor é aquele que, sem ser perguntado, fala bem de uma empresa ou uma marca.

Lembro-me, certa vez, de estar aguardando na recepção de uma empresa para falar com um cliente, quando, de repente, chegou outro executivo. Ele estava bastante irritado, desligou o celular, sentou-se ao meu lado e, sem demora, começou a falar muito mal de seu plano de saúde.

Em resumo, ele cancelara o plano de saúde por ter mudado de empresa, e havia um período de carência para fazê-lo. Enquanto negociava a multa por não ter respeitado a carência, o plano transferiu a negociação para uma empresa de cobrança, que o tratava de maneira muito ríspida. Ele disse que nunca mais compraria um plano dessa empresa e, particularmente, tenho dúvidas de que, após ouvi-lo, alguém o adquirisse.

Em outras palavras, nesse caso a empresa fomentou o lado terrorista de sua relação com o cliente.

E como seria estimular o lado defensor dos clientes? Veja este exemplo: em maio de 2013, minha esposa e eu decidimos conhecer as Ilhas Maurício.

Escolhemos o hotel Four Seasons Resort. O hotel é maravilhoso, e não são apenas as instalações que impressionam, mas, acima de tudo, o atendimento.

Em uma tarde, estávamos na piscina, quando a temperatura declinou muito, e resolvemos ir para o bar que ficava ao lado. Ao chegarmos, minha esposa estava ainda sentindo frio, e pedi ao garçom para trazer uma toalha para colocar em suas costas. Ele saiu rapidamente e, ao retornar, não estava com uma toalha, mas com uma manta de pashmina, na cor de seu biquíni.

Eu não tenho a menor ideia de como são treinados os profissionais do hotel, mas meu assombro estava no fato de que tenho como valor o cuidado com as pessoas. E o que me vinha na cabeça era: como eles podem ter tanto cuidado com alguém, saber quanto isso é relevante para mim e, mais que isso, expressar esse cuidado em uma ação tão singular como essa? Se você é sério a respeito de cuidar das pessoas que ama, tenho uma recomendação de hotel para você: Four Seasons!

O defensor é aquele que não apenas fala bem de sua empresa ou sua marca, mas também o alerta quando algo não vai bem.

É aquele caso clássico do proprietário de uma Harley-Davidson que vai até a concessionária e, ao chegar, alerta o técnico que o recebe de que "nossa moto" está com problemas.

Então, o cliente vai para baixo da moto para mostrar e, mais que isso, orientar o técnico sobre o problema em detalhes. De repente, o gerente da loja chega e pergunta: "O que aconteceu com nossa máquina?". Ao olhar essa cena de longe, o observador terá dificuldade de saber quem é o cliente, quem é o técnico ou o gerente, pois todos se comportam de maneira semelhante.

A conversa poderá ser até dura, mas é improvável que o cliente pense em trocar de marca em suas próximas compras por causa do problema, ou seja, ele ajuda a empresa a resolver seus problemas.

Um outro exemplo: eu gosto de sapatos no estilo inglês, e é difícil encontrá-los, porque, de tempos em tempos, as lojas teimam em renovar suas coleções e se esquecem dos clássicos.

Andando pelo Shopping Vila Olímpia, em São Paulo, encontrei um modelo na loja The Craft Shoes, mas, infelizmente, o sapato era todo preto com um detalhe em marrom que não me agradava.

Foi aí que o bom atendimento da vendedora e da gerente da loja entrou em ação. A gerente disse que a linha anterior não tinha esse detalhe em marrom e que ela poderia pesquisar em outras lojas para ver se encontrava o sapato que eu desejava. Após três tentativas, localizou o sapato no meu número, pediu para o gerente da outra loja mandar uma foto dele e a mostrou para mim em seu *smartphone*.

Então, disse que, em até quatro dias, estaria com o produto na loja e me ligaria. Foi o que ela fez. Quando fui buscar o par de sapatos, comentei com ela que era muito difícil encontrar sapatos clássicos e que as empresas se preocupavam muito com a moda e se esqueciam de que alguns executivos, como eu, não gostavam de grandes mudanças, mas de se manter no estilo clássico.

Para minha surpresa, o *designer* de produtos da empresa estava na loja naquele momento. A atendente virou-se para ele e disse: "Você ouviu? O cliente quer que voltemos ao estilo da linha anterior.".

O *designer*, então, conversou comigo, e mostrei-lhe como preferia ter à disposição sempre um sapato desse modelo, pois atendo clientes que são tradicionais e, eu mesmo, prefiro produtos que sejam atemporais e que considero clássicos. Ele ouviu atentamente e fez algumas anotações. Senti-me respeitado e com o desejo de defender essa empresa, por perceber seu esforço em me trazer para perto de suas decisões.

É exatamente esse comportamento que faz o cliente comprar repetidamente os produtos e serviços da empresa. Não basta satisfazê-lo, tem de oferecer um atendimento acima de suas expectativas, ouvi-lo e mostrar interesse nessa interação, sem medo ou receio de errar. Esse comportamento somente é possível se for incorporado e incentivado por todos os líderes da empresa de maneira constante e perene. Ou seja, por você!

Portanto, o defensor entende que deve zelar pela comunidade da qual faz parte e que, se algo não está de acordo, ele agirá para que os produtos e serviços da empresa voltem a refletir seus valores, suas crenças e seus propósitos.

Nesse contexto, os líderes da empresa devem ser os representantes desses clientes, digo, defensores. É evidente que, quanto mais alto hierarquicamente for esse líder, maior o poder que terá para exigir que algo seja feito pelos clientes. Mesmo que você ainda seja um gerente em começo de carreira, deve fazer isso dentro de sua área de atuação. Os líderes devem se comportar como verdadeiros guardiões da comunidade e fomentar, de maneira constante, e consistente os valores, as crenças e os propósitos que a mantêm coesa, unida e crescendo.

FAZENDO A CONEXÃO DO LÍDER COM OS RESULTADOS DURADOUROS

Agora que você conhece as bases para se transformar em um líder que foram cobertas até aqui, é importante que tenha consciência de seu poder para gerar resultados duradouros para a empresa. Isso pavimentará o caminho para sua carreira de liderança, rumo a cargos mais elevados, de maior responsabilidade e onde você poderá contribuir com mais pessoas e tornar-se ainda mais relevante para a empresa. E, é claro, reforçar seu papel de líder transformador de pessoas em novos líderes.

VOCÊ É CAPAZ DE GERAR RESULTADOS DURADOUROS

Resultados duradouros são construídos dentro da mesma filosofia com que se constrói um prédio. Se um edifício possui fundações bem construídas, terá solidez para sustentar seus andares acima e durar incontáveis gerações.

O primeiro bloco, a fundação do edifício, começa com a liderança. Ele representa as ações dos líderes da empresa. O comportamento dos líderes e, principalmente, seus diálogos provocarão a experiência do empregado. A experiência real, no entanto, não é aquela que o líder imagina que proporciona, e sim a que é descrita pelo empregado. Nesse contexto, liderança é tudo aquilo que o líder faz, ou tolera.

DIAGRAMA 6-1 A liderança é a base da experiência do empregado.

Você deve imaginar seu funcionário chegando em casa. Em seguida, a esposa dele também chega do trabalho. Ambos estão na sala de jantar, e ela pergunta para o marido: "Querido, como foi seu dia hoje?".

A resposta de seu funcionário é a experiência real que ele vive sob sua liderança. Então, o que você imagina que ele dirá?

A boa experiência do funcionário com sua liderança é fundamental para a empresa, pois afeta a satisfação dele com o trabalho e, por consequência, seu comportamento. Uma experiência desrespeitosa e desinteressante provocará desmotivação. Mas, uma vez que seja marcante, relevante e inspiradora, engajará o empregado nos objetivos não só do líder, mas da empresa como um todo.

A partir daí, estamos preparando o próximo nível: um funcionário engajado possui um comportamento de muita atenção em todas as suas ações, procedimentos, prazos, enfim, em todos os momentos do trabalho. Ele é, conscientemente, o protagonista de suas ações, e não apenas aquele que espera um comando para agir. E há um momento especial que torna esse comportamento extremamente relevante para a empresa: quando o empregado está em contato com o cliente.

O motivo pelo qual o líder deve se ocupar em provocar uma experiência no funcionário, que influencie decisiva e positivamente seu comportamento, é porque ele é o principal responsável pela experiência do cliente com a empresa.

```
EXPERIÊNCIA DO CLIENTE
        ↑
COMPORTAMENTO DO EMPREGADO
        ↑
SATISFAÇÃO DO EMPREGADO
        ↑
EXPERIÊNCIA DO EMPREGADO
        ↑
     LIDERANÇA
```

DIAGRAMA 6-2 O comportamento do empregado é a base da experiência do consumidor.

A cada momento que o cliente entra em contato com sua empresa, existem duas possibilidades: ou é gerado valor ou destruição para a sua marca. Os momentos nos quais os empregados da empresa estão envolvidos com o cliente são os mais relevantes para ele. Como mencionei anteriormente, é só você procurar se lembrar das vezes nas quais teve de entrar em contato com sua operadora de telefonia celular, com seu banco ou com sua companhia de TV a cabo e você vai compreender o que estou dizendo. Qual é a lembrança que você tem desses momentos? É bem provável que esses momentos tenham definido sua visão a respeito dessas empresas.

Portanto, o líder deve ter um profundo interesse por esses pontos de contato entre seu liderado e o cliente, pois são eles que, em última análise, são responsáveis pela satisfação do cliente. E esse é o sexto nível no diagrama que apresentamos.

DIAGRAMA 6-3 A experiência do cliente é a base para sua satisfação.

É importante ressaltar que, quanto menor for a preocupação do líder com os níveis anteriores, listados no diagrama, maior será o gasto da empresa para atrair, satisfazer e fidelizar o cliente.

Observe quanto esses gastos impactam no resultado das empresas e como poderiam ser otimizados se elas investissem no desenvolvimento de seus líderes, a fim de conscientizá-los de seu papel nas etapas anteriores ao contato com o cliente. Elas são o alicerce para a satisfação do cliente.

Aqui podemos novamente fazer uma analogia com a construção de um edifício: ninguém começa a construí-lo pelo sexto andar, mas é o que a maioria das empresas tenta fazer ao focar a satisfação do cliente sem se preocupar com as etapas anteriores. Também não faz sentido construir os andares inferiores de maneira frágil e esperar que suportem com segurança, qualidade e eficácia os andares superiores. Perceba, portanto, que mesmo um líder em início de carreira tem um papel fundamental na construção, no sucesso da empresa como um todo.

Essa satisfação do cliente é fundamental, é claro, mas torna-se decisiva para os resultados da companhia quando altera o comportamento desse cliente quanto à nossa marca. Muitas empresas, porém, ficam tão preocupadas em apenas satisfazê-lo no momento do contato com ele que se esquecem de que, a menos que essa satisfação seja marcante, relevante e inspiradora, ela não será suficiente para retê-lo. E para que isso aconteça, ela deve ser consistente e fazer parte da missão de todos os funcionários da empresa.

```
COMPORTAMENTO DO CLIENTE
        ↑
SATISFAÇÃO DO CLIENTE
        ↑
EXPERIÊNCIA DO CLIENTE
        ↑
COMPORTAMENTO DO EMPREGADO
        ↑
SATISFAÇÃO DO EMPREGADO
        ↑
EXPERIÊNCIA DO EMPREGADO
        ↑
LIDERANÇA
```

DIAGRAMA 6-4 A satisfação do cliente é a base de seu comportamento.

Se você observar o que as companhias de aviação fazem, por exemplo, notará que é difícil encontrar diferenças relevantes no atendimento delas em relação a suas concorrentes. E isso não gera a fidelização dos clientes. Eles podem até ficar satisfeitos com uma ou outra vantagem recebida, mas ficam indiferentes à marca, ou seja, se houver uma oportunidade, mudarão de fornecedor sem grandes preocupações.

Esse comportamento indiferente não nos interessa, portanto. Do mesmo modo que, como líderes, desejamos empregados engajados com a empresa, também queremos que os clientes mudem seu comportamento de maneira extremamente favorável para ela.

O que buscamos é que as pessoas deixem de existir como simples clientes e passem a se comportar como defensores de nossa marca. Um defensor possui uma conexão orgânica com a empresa, ou seja, não apenas racional, mas também emotiva e de interesse pelo crescimento e pelo sucesso da empresa. Ele não vê a companhia apenas com os olhos de quem precisa satisfazer suas necessidades e, somente por isso, compra os produtos e serviços dela. Seu comportamento vai além disso: ele vibra com a marca, defende-a de críticas, conversa sobre ela espontaneamente, orienta-a sobre erros e exalta seus acertos. E muito dificilmente a abandona: é um fã consciente de sua escolha.

LEALDADE À MARCA
↑
COMPORTAMENTO DO CLIENTE
↑
SATISFAÇÃO DO CLIENTE
↑
EXPERIÊNCIA DO CLIENTE
↑
COMPORTAMENTO DO EMPREGADO
↑
SATISFAÇÃO DO EMPREGADO
↑
EXPERIÊNCIA DO EMPREGADO
↑
LIDERANÇA

DIAGRAMA 6-5 O comportamento do cliente é a base de sua lealdade.

O que um defensor de sua marca vivencia é a possibilidade de expressar seus valores, suas crenças e seus propósitos por meio de seus produtos ou serviços. Ou seja, a empresa transcende seu papel de fornecedora para ele e passa a ser uma comunidade, que o atrai, o nutre com esses elementos e permite, acima de tudo, que ele exista no mundo da forma como deseja. A marca, portanto, integra-se à história da pessoa.

Uma empresa como a Harley-Davidson, por exemplo, não vende motos, mas possibilita que as pessoas sejam livres.

A Apple não vende tecnologia, mas simplicidade.

A Four Seasons não é uma cadeia de hotéis, mas um espaço para quem deseja cuidar de si mesmo e daqueles que lhe são queridos.

Temos, portanto, nesses exemplos, comunidades formadas por indivíduos livres, simples e que se preocupam com pessoas, respectivamente. Elas não apenas reterão seus clientes, mas os tornarão leais. Ser leal significa que, quando a pessoa tem um problema com a empresa, ela não troca simplesmente de marca, mas alerta a companhia de que algo não vai bem e precisa ser corrigido.

Você não vê com frequência um cliente da Apple, com um problema em seu equipamento, pensar em trocar de marca. Ele entra em contato com a empresa, reclama, conversa e, após os problemas serem solucionados, se mantém feliz com seu produto. E, mais que isso, sua próxima compra de tecnologia será de um novo produto da Apple.

O comportamento de um defensor é aquele no qual a pessoa conversa com as demais sobre suas experiências com a empresa, convida-as, espontaneamente, a conhecer e compartilhar essas experiências e desfruta delas ao longo de sua vida.

Uma companhia não cresce proporcionalmente a seus esforços de marketing e vendas se, de um lado, atrai clientes, mas toda a sua operação os perde com frequência. O resultado nunca será bom. Portanto, tornar os clientes defensores leais deve ser uma meta fundamental da companhia. E isso somente é possível se ela se transforma em uma comunidade composta por acionistas, líderes, funcionários, fornecedores e, principalmente, clientes. E todos são admiradores profundos da companhia e do que ela representa.

É nesse ponto que a lealdade dos clientes se transforma em resultados duradouros para a empresa, mas tudo começa com o comportamento adequado dos líderes, em todos os níveis da companhia! Começa com você, um líder transformador!

```
          LUCRATIVIDADE E CRESCIMENTO
                      ↑
              LEALDADE À MARCA
                      ↑
           COMPORTAMENTO DO CLIENTE
                      ↑
             SATISFAÇÃO DO CLIENTE
                      ↑
             EXPERIÊNCIA DO CLIENTE
                      ↑
          COMPORTAMENTO DO EMPREGADO
                      ↑
            SATISFAÇÃO DO EMPREGADO
                      ↑
           EXPERIÊNCIA DO EMPREGADO
                      ↑
                  LIDERANÇA
```

DIAGRAMA 6-6 A lealdade à marca é a base do crescimento e da lucratividade da empresa.

ESTUDAR, CONHECER E RESPEITAR OS VALORES, AS CRENÇAS E OS PROPÓSITOS DOS CLIENTES

O líder deve, portanto, ter um profundo interesse pelas razões que levam os clientes a comprar os produtos e serviços da empresa. Ele deve ser capaz de interpretar esses motivadores e transformá-los em fundamentos de suas decisões e seu comportamento.

Ao longo de muitos anos, atendi ao grupo Votorantim, especialmente a Votorantim Metais, responsável pela área de mineração. O que me chama mais a atenção nessa empresa é a diferença de personalidade dos gerentes-gerais de suas unidades. São pessoas com formações distintas e com temperamentos muito diferentes entre si.

Entretanto, ao longo dos anos, ficou muito claro para mim o que existe de comum entre eles. No momento em que tomam suas decisões, eles declaram primeiro quais são os valores, as crenças e os propósitos que os guiam. E esses elementos são muito bem definidos pela empresa. Portanto, todos eles tomam decisões baseadas nos mesmos critérios. Como consequência, isso faz que os funcionários da empresa tenham um comportamento muito consistente.

Essa consistência é que as empresas devem buscar, pois o cliente, principalmente quando em contato com um funcionário da empresa, espera ser tratado de uma forma específica, sólida e coerente, ou seja, da maneira que expressa os valores, as crenças e os propósitos da empresa – os quais, diga-se de passagem, devem ser o espelho do que o próprio cliente espera.

Uma empresa de *fast-food* tem de ser rápida no atendimento de um pedido, mas também precisa sê-lo em seu SAC e nas operações internas.

Uma empresa de previdência privada deve fomentar confiança em todos os momentos. Afinal, se alguém entrega seu dinheiro para uma organização cuidar dele por décadas, ela tem de inspirar confiança sempre.

Essa expressão somente acontecerá se o líder for a principal fonte. Ele é quem nutrirá o comportamento dos funcionários de maneira constante e consistente.

Isso significa que o líder é o guardião e o fomentador do comportamento que a empresa necessita que seus funcionários tenham para atrair e reter seus clientes. Se ele não faz isso todos os dias e para todos, os empregados chegarão à conclusão de que não é sempre que precisam se comportar de maneira alinhada aos propósitos, aos valores e às crenças da organização.

Por exemplo, imagine o presidente de uma companhia aérea que cobra pontualidade de seus colaboradores, mas chega atrasado às reuniões. Sua falta de integridade entre o que diz e o que faz acaba fomentando a ideia de que atrasos são toleráveis. Provavelmente, se ocorrer de os voos dessa companhia não partirem no horário, nenhum funcionário se importará muito com isso, pois o próprio presidente não se incomoda com seus atrasos. E os clientes de companhias aéreas têm a pontualidade como um valor importantíssimo.

Por outro lado, conheço uma empresa de viação interestadual em que o presidente começa todas as reuniões pontualmente. Mais que isso, nos dias de Natal e Ano-novo, ele vai até a garagem da empresa, cumprimenta e agradece a seus motoristas por iniciarem as viagens no horário e por trabalharem no feriado. E vai além, ele se reveza com outros diretores, nas madrugadas de Natal e Ano-novo, nessa tarefa de incentivar os colaboradores. O resultado é que transmite um senso de comunidade enorme a eles. Uma mensagem clara de que: "Estamos juntos na missão de atender a nossos clientes com pontualidade".

E os clientes de uma viação têm como valor fundamental a possibilidade de viajarem com pontualidade, principalmente nos feriados em que desejam reencontrar suas famílias.

Isso é ser o guardião constante e consistente do comportamento necessário para que a empresa demonstre entendimento e respeito pelos propósitos, pelas crenças e pelos valores de seus clientes.

O LÍDER É O GUARDIÃO DE VALORES, CRENÇAS E PROPÓSITOS DA EMPRESA

Por fim, quando a empresa faz de seus valores, suas crenças e seus propósitos os mesmos de seus clientes, o papel do líder de fomentar os comportamentos que os expressem o transforma em um aglutinador de pessoas, sejam elas clientes ou empregados.

A liderança, nesse contexto, é responsável por esses princípios que levam as pessoas a serem atraídas pela empresa e se sentirem pertencentes a uma comunidade.

Entretanto, o líder consciente sabe que, em razão de sua promoção, sua demissão ou até mesmo sua morte, não é eterno em seu cargo. Portanto, ele deve sempre formar novas lideranças.

A formação de novos líderes, em conformidade com os valores da empresa que são os mesmos de seus clientes, assegura que a companhia terá novos guardiões de seus princípios. Eles manterão acesa a chama que transforma clientes em defensores, em fãs, e a passarão para as gerações futuras da companhia.

Desse modo, estarão assegurados os resultados de longo prazo com os mesmos fundamentos que são utilizados para obtê-los hoje.

Por ocasião da morte de Steve Jobs, muitos temiam pelo futuro da Apple. Ainda hoje, observo muitas críticas à empresa e de como deveria ser diferente do que é. No entanto, a cada novo lançamento da companhia, a evidência é de que o sonho não acabou. O espírito de Steve Jobs, que paira sobre a ideia de que a tecnologia deve ser útil e simples de usar, continua a permear a empresa, atraindo novos admiradores e pessoas que, mais do que consumir avidamente seus produtos e serviços, a defendem espontaneamente dessas críticas.

O fato é que a Apple é mais que uma empresa, é uma comunidade. E pessoas adoram pertencer a uma comunidade.

Esse exemplo apenas reforça que o líder deve sempre atrair pessoas, sejam funcionários ou clientes, para formar uma comunidade com os mesmos motivadores dos clientes mais lucrativos. O que ele deve buscar é ter, ao seu redor, indivíduos que compartilhem o mesmo sonho e que transformem esse sonho em realidade por meio de palavras e ações. É nesse espaço, criado em torno da marca da empresa, que as pessoas vivenciam o sonho.

Em última análise, possibilitar às pessoas viverem suas vidas de acordo com seus sonhos é a razão de ser do líder.

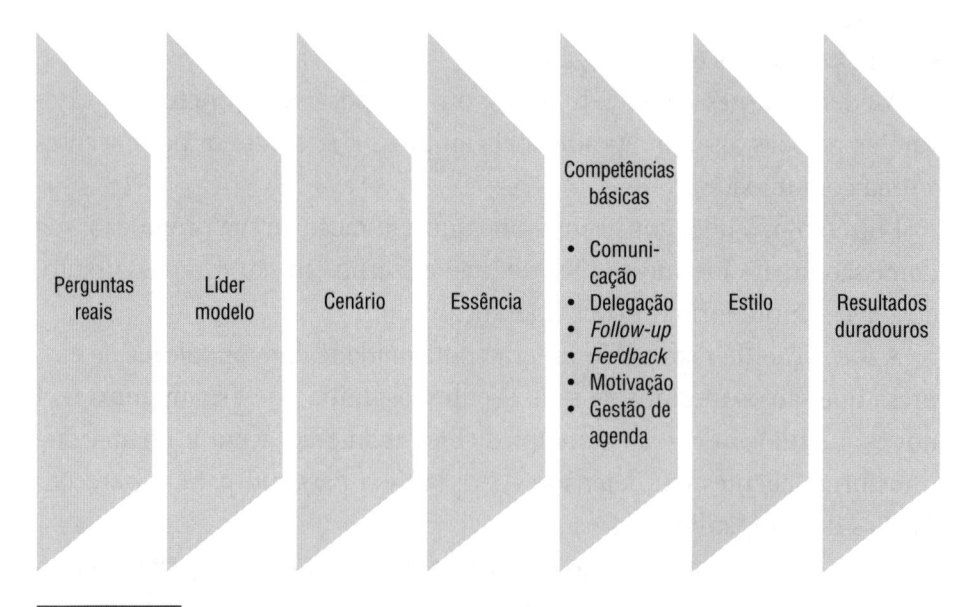

FIGURA 6-18 O caminho completo do líder transformador.

CAPÍTULO 7
VOCÊ É O LÍDER

Uma comunidade capaz de realizar o sonho das pessoas merece ser conhecida e fomentada. Para isso, ela precisa de alguém que faça o convite para as pessoas se juntarem em torno dela de maneira íntegra, convincente e entusiasmada.

Você pode ser esse anfitrião que convida e, mais que isso, engaja as pessoas a entrarem nessa comunidade e vivenciarem seus sonhos. Você pode ser esse líder!

ASSUMA SEU PAPEL DE LÍDER

Não basta apenas você se preparar para liderar; você tem de assumir seu papel de líder desde já.

Se você deseja ser um líder empreendedor, por exemplo, procure conhecer tudo a respeito dos grandes empresários que admira. Leia suas histórias, compreenda seus pensamentos e o modo como eles guiam, ou guiaram, suas empresas.

Costumo acompanhar pelas redes sociais Richard Branson, fundador da Virgin. Leio o que ele escreve, procuro compreender como vê a empresa e a importância que dá a seus colaboradores. Conheço sua biografia e entendo sua maneira de expressar e nutrir seus fundamentos e seus valores a todos da companhia. De certo modo, ele faz com maestria o que compartilhamos aqui neste livro. E, é claro, sinto-me inspirado por ele ao pensar e construir minha empresa.

Já para você, que está em sua carreira para ser um líder executivo e deseja chegar aos postos mais altos da organização, observe como é o gestor que está dois ou mais níveis acima de você. Procure descobrir com quais problemas ele está envolvido e como você, em sua posição, pode contribuir para solucioná-los.

Observe também o comportamento, a imagem e a fala desse líder. Quais critérios ele usa para tomar decisões? Como ele se comporta nas reuniões? Quais são seus valores, suas crenças e seus propósitos?

Seu preparo somente estará completo quando você for percebido como líder por alguém que está dois ou três níveis acima de você. E, para isso, você deve se interessar em descobrir como essa pessoa pensa.

É claro que seu gerente é um grande influenciador em sua promoção, mas lembre-se de que são os diretores que escolhem os gerentes, assim como é o presidente que escolhe os diretores. Portanto, não basta você ser bem-visto pelo seu chefe. Quem está acima dele deve ver você de forma positiva também, para que sua carreira avance.

Procure por essas informações e assuma de modo consciente o comando de sua trajetória de liderança.

FAÇA OS AJUSTES NECESSÁRIOS AO SEU CONTEXTO DE LIDERANÇA

Tão desastroso quanto você aparecer de calça *jeans* e camiseta em um banco que prega "tradição secular de segurança", seria você ir para o trabalho de terno e gravata em uma empresa que vende material para a prática de esportes radicais.

Não existem duas empresas iguais, e você terá de fazer os ajustes necessários ao seu contexto. Todas as orientações contidas aqui somente farão sentido se você assumir seu papel de refletir sobre como utilizá-las e ajustá-las ao momento que a empresa vive, à sua idade, ao seu cargo e, principalmente, aos seus sonhos.

Certa vez, conheci um executivo que havia perdido uma grande chance em um grupo industrial. Ele fora selecionado como *trainee* e deslocado para trabalhar no departamento de administração da fábrica. Era muito novo e queria ser bem aceito em seu local de trabalho. Com o passar do tempo, percebeu que era o único que trabalhava de terno e pensou que, se passasse a se vestir de maneira menos formal, seria melhor para sua imagem.

No começo, ainda aparecia para trabalhar de calça e camisa social, mas depois adotou o *jeans* e a camiseta. O problema é que se esqueceu de que quem o promoveria à gerência era um diretor. E a imagem do *trainee* era muito diferente da dos demais gerentes da fábrica. Não era um mau funcionário, mas passou a não ser chamado para apresentações para os diretores. Até que, em meio a uma crise, foi demitido.

Ele ficou chocado, mas, em uma de nossas conversas, percebeu que não bastava ser um bom profissional para ser promovido ao cargo de liderança. Ele deveria ser percebido como um líder por aqueles que decidem as promoções. E essa percepção é construída não apenas pelos resultados, mas também pela postura do profissional, seus diálogos e sua imagem.

Felizmente, aprendeu a lição. Na empresa seguinte, foi consistente nessas três esferas e, com persistência, dedicação e foco em seu propósito, em alguns anos foi promovido a diretor.

E você, o que deseja? Qual o seu propósito? Onde você quer estar daqui a dois, cinco ou dez anos?

Essas respostas são fundamentais para que você utilize essas informações para construir a carreira que deseja. Não abra mão de ter uma vida inspiradora para si. Você é o mais importante nisso tudo!

LIDERE COM EXCELÊNCIA

Liderança não é algo que você aprende e depois nunca mais esquece. O mundo se transforma a cada instante. E o mesmo ocorre com os mercados, as empresas e as pessoas. E elas também mudam seus motivadores de tempos em tempos. Você deve estar atento a isso.

Portanto, seja humilde para aprender continuamente ao longo de toda a sua trajetória de líder.

Lembro-me de uma vez ter sido procurado por Adelson, um gerente de laboratório de uma empresa química do Paraná. Ele me disse que precisava aprender a liderar pessoas. Havia percebido que, se não se aprimorasse, não conseguiria gerir um grande grupo de funcionários; ele desejava muito não só ser um líder na empresa, como também um dia chegar a trabalhar na maior indústria química do mundo.

Chegou à conclusão de que precisava se aprimorar porque, na posição atual, tinha somente cinco colaboradores e nada estava funcionando direito. Ele estava sobrecarregado, seu time não entregava as tarefas com qualidade e no prazo, além de estar totalmente desmotivado.

Era um grande desafio. Nós nos falávamos por Skype uma vez por semana, por uma hora, passando por todo o conhecimento que compartilhei com você aqui neste livro. Ele veio a São Paulo um dia para participar de um *workshop* de liderança, em que pôde dividir sua experiência com outros gestores e aprofundar ainda mais suas competências.

Paulatinamente, seu departamento foi entrando nos eixos. Ele teve de tomar medidas duras em algumas situações. Demitiu pessoas, delegou, melhorou sua comunicação, estabeleceu metas e começou a fazer os *follow-ups* com rigor. A motivação ressurgiu em seu time.

Então, antes de terminar o processo de *coaching*, ele sumiu. Não respondia mais a meus *e-mails* para marcar uma nova reunião. Mesmo no Skype, permanecia em total silêncio. Fiquei muito preocupado. O tempo passou, as semanas se transformaram em meses, e não tive mais notícias dele. Pensei que algo ruim havia acontecido.

Até que, cerca de seis meses depois, ele finalmente fez contato. Iniciou nossa conversa pedindo milhões de desculpas, mas fora impossível encontrar tempo para esclarecer o que havia acontecido.

Em razão de seu desempenho no setor de laboratório, ele fora promovido a gerente da fábrica. De um dia para outro, não tinha apenas cinco, mas 140 pessoas abaixo dele, fora a gestão dos fornecedores, as novas tarefas e os compromissos extensos com a diretoria. Aquilo tudo o colocou no olho do furacão, pois a empresa precisava que sua fábrica fosse colocada nos eixos, um trabalho que ele desempenhou com excelência no laboratório.

A parte mais interessante da história é que alguns supervisores de fábrica vinham conversar com ele a respeito do que fazer sobre certos temas. Adelson devolvia a responsabilidade para esses supervisores, conversava sobre seus critérios de decisão, seus propósitos, seus valores e suas crenças.

Com o tempo, eles começaram a compreender melhor seus papéis, que deveriam arriscar tomar certas decisões e que teriam seu respaldo se o fizessem com os mesmos fundamentos que ele.

A motivação aumentou, e a empresa retomou a lucratividade e o crescimento. Fiquei aliviado em saber que seu sumiço foi pelo fato de ele ter se tornado um líder com maior responsabilidade. Seus colaboradores lhe confidenciaram que, sob sua gestão, suas vidas tinham melhorado, pois estavam mais conscientes e sentiam-se mais seguros do que fazer a cada instante.

Esse é o principal motivo pelo qual temos de ter líderes competentes em lugares relevantes: isso melhora a vida das pessoas.

Dois anos depois dessa promoção, eu estava no Skype, conversando com um diretor, quando recebi uma mensagem escrita de Adelson. Ela dizia apenas o seguinte: "Silvio, sei que está ocupado, escrevo somente para dizer que saí da empresa e estou agora na maior companhia química do mundo. Muito obrigado!".

Liderar com excelência significa tomar decisões com equilíbrio de resultados atuais e futuros. O que você busca é fazer que suas ações, no longo prazo, gerem cada vez mais possibilidades para a empresa.

Imagine um país e seus cidadãos. Quando mal gerido, eles perdem investimentos, empregos e renda. Sua qualidade de vida diminui e suas alternativas também se restringem. Por outro lado, um país bem gerido possibilita investimentos, empregos, renda e as pessoas são cada vez mais livres e com alternativas múltiplas para gerar a vida que desejam.

Um líder, dentro do contexto empresarial, deve fazer o mesmo: possibilitar, por meio de suas decisões, que a empresa tenha cada vez mais possibilidades, que possa crescer e ter alternativas, com o intuito de, mais do que ter apenas resultados, ser uma comunidade duradoura e responsável.

CAPÍTULO 8
UM MUNDO DIRIGIDO POR LÍDERES PREPARADOS

Não apenas as empresas, mas o mundo será um local fantástico para viver se for cuidado por líderes preparados. São eles que fomentam uma comunidade com propósitos elevados, que possibilitam a construção, a coexistência e o crescimento de todos. Uma comunidade global que convide as pessoas a serem livres e, a partir de seus sonhos, construírem a vida que desejam.

IMAGINE A BELEZA DE UM MUNDO COM LÍDERES PREPARADOS

Em que mundo queremos viver? E quem vai construí-lo, senão nós mesmos?

Pense em quantas vidas um médico bem preparado salva. Sempre recordo os momentos de grande aflição e preocupação com minha saúde ou com a de alguém de minha família e lembro-me de como foi reconfortante estar nas mãos de médicos com valores elevados, dedicados e, acima de tudo, extremamente preparados. Eles sabiam dizer quais seriam os possíveis resultados de seus procedimentos e, mais que isso, quais alternativas tinham, caso não funcionassem. Felizmente, tinham consciência do que faziam e de seu papel em minha vida.

Agora, imagine as empresas e os governos sendo geridos por líderes preparados. Quantas vidas não seriam salvas por um bom planejamento, preparação e execução de ações que construíssem um mundo cada vez melhor para nós e as gerações futuras?

Quem pode construir e conduzir esse mundo é aquele indivíduo empenhado em seu autodesenvolvimento, consciente e com valores, crenças e propósitos elevados, ou seja, essa pessoa deverá ser, sem dúvida, um líder muito bem preparado.

PENSE COMO SERIA O MUNDO SE VOCÊ FOSSE UM DESSES LÍDERES TRANSFORMADORES

Imagine você como um desses líderes altamente preparados dentro de todos os elementos da boa liderança que abordamos até aqui. Como seriam sua vida e a das pessoas ao seu redor?

Querendo ou não, você já lidera sua própria vida! Continua em sua jornada de aprendizado, tem um profundo interesse por seu autodesenvolvimento e reflete sobre a vida que deseja e qual sonho gostaria de realizar.

Quantas pessoas não possuem o mesmo sonho que o seu? Quando, em seu sonho, você vislumbra a coexistência, a construção e o crescimento de todos, então você é capaz de atrair pessoas para a construção de uma grande comunidade. Basta que se prepare para isso. Então, você, como líder, terá um papel grandioso neste mundo.

BONS LÍDERES FORMAM BONS LÍDERES, NÃO APENAS SEGUIDORES

Seja um bom líder. Tenha sempre em mente que nenhum líder consciente de seu papel precisa de seguidores. Ele sabe que é apenas um guardião temporário de propósitos elevados e, portanto, preocupa-se permanentemente com a transformação de pessoas em novos líderes, a quem passará esses propósitos adiante.

No começo deste livro, pedi a você que pensasse em um líder que considere como modelo e que você refletisse nas grandes qualidades dessa pessoa, as quais a faziam ser um líder de referência para você e para muitas outras pessoas.

Meu desejo é que as próximas gerações de leitores deste livro, ao se depararem com essa pergunta, pensem também demoradamente em quem é esse líder exemplar, que as transforma, as inspira e as faz pensar em ações para realizar seus sonhos mais elevados. E que cheguem à conclusão de que esse líder é alguém, de fato, muito importante, cujas ideias, ações e exemplo são inesquecíveis.

E que a pessoa inspiradora escolhida por elas, como um líder transformador e digno de ser replicado, seja exatamente você!

Desejo-lhe muito sucesso em sua liderança! E, principalmente, em sua vida!

Vamos em frente!

Silvio Celestino

REFERÊNCIAS BIBLIOGRÁFICAS

BELOHLAVEK, P. *Arquétipos unicistas de países:* Brasil. Buenos Aires: Blue Eagle Group, 2005.

CAMPBELL, J. *O poder do mito.* São Paulo: Palas Athenas, 2007.

CHARAN, R. et al. *Pipeline de liderança* – desenvolvimento de líderes como diferencial competitivo. 2. ed. Rio de Janeiro: Elsevier, 2013.

GOLDSMITH, M. *Triggers* – creating behavior that lasts – becoming the person you want to be. Nova York: Crown Publishing Group, 2015.

ISMAIL, S. et al. *Organizações exponenciais.* São Paulo: HSM Educação Corporativa, 2015.

RANGEL, A. *O que podemos aprender com os gansos.* São Paulo: Editora Original, 2003.

RIES, A.; TROUT, J. *Horse sense* – the key to success is finding a horse to ride. Nova York: McGraw-Hill, 1990.

SHAUN, S.; WHEELER, J. *Managing the customer experience* – turning customers into advocates. Harlow: Pearson Education Limited, Prentice Hall – Financial Times, 2002.

STÉFANO, R. Di. *O líder-coach.* Rio de Janeiro: Qualitymark, 2005.

TAYLOR, C. *Walking the Talk.* Londres: Random House Business Books, 2005.

SITES RECOMENDADOS:
Para você se manter atualizado sobre ideias, temas e exemplos como os mencionados neste livro, acesse o *site* da Alliance Coaching. É uma empresa especialista no desenvolvimento de líderes empresariais por meio de processos de *coaching*.
www.alliancecoaching.com.br

O CCL – Center for Creative Leadership – é um dos mais importantes centros de desenvolvimento de líderes do mundo. Seus trabalhos envolvem o *coaching* de executivos, cursos e pesquisas sobre o tema.
www.ccl.org
O Integrated Coaching Institute é uma escola de formação de *coaches* no Brasil e nos Estados Unidos. A metodologia de *coaching* integrado é considerada uma tendência na formação de líderes executivos, segundo o X Fórum de Coaches Executivos, realizado em Cincinnati, Estados Unidos, em junho de 2015, pela Sherpa Coaching.
www.coachingintegrado.com.br

Daniel Goleman é psicólogo, consultor de liderança e autor do *best-seller Inteligência emocional*, de 1995. É jornalista especializado em ciências do comportamento e do funcionamento do cérebro. Seus trabalhos são fundamentais para o líder compreender o modo como dominar suas emoções e a relevância delas para o seu sucesso e da empresa.
http://www.danielgoleman.info/

Para se manter atualizado sobre temas internacionais relacionados a gestão e liderança, acesse o *site* da *Harvard Business Review*.
https://hbr.org/

A Hyper Island é uma empresa especializada no desenvolvimento de experiências de aprendizagem para profissionais e líderes empresariais para que sejam capacitados a lidar com os desafios do mundo digital.
https://www.hyperisland.com/

Marshall Goldsmith é considerado o principal *coach* executivo da atualidade. Muitas de suas metodologias são usadas em cursos de desenvolvimento de *coaches* e de líderes executivos no mundo todo.
http://www.marshallgoldsmithgroup.com/

Al Ries é especialista em marketing estratégico, autor de livros consagrados como *Posicionamento, Marketing de Guerra I e II* e *Horse sense*. Suas

ideias permitem que líderes sejam capazes de estabelecer um foco específico e poderoso para a marca de suas empresas.
http://www.ries.com/

No meu *site*, você encontrará artigos, vídeos, *podcasts* e outros materiais que complementam e atualizam as informações contidas neste livro.
www.silviocelestino.com.br

Shaun Smith é um consultor britânico especialista em marketing da experiência do consumidor. Em suas obras estão os fundamentos que conectam a liderança aos resultados da empresa.
http://www.smithcoconsultancy.com/

TED (Technology, Entertainment and Design) é uma organização sem fins lucrativos que atua na disseminação de ideias relevantes sobre uma vastidão de temas. É uma fonte inesgotável de atualização para líderes de todas as áreas.
www.ted.com

No *site* oficial da Walking The Talk, empresa especializada em projetos de gestão de cultura organizacional, você encontrará textos e vídeos sobre o tema. São informações esclarecedoras para todo líder que deseja compreender o impacto de suas ações na cultura da empresa.
http://www.walkingthetalk.com/

Um líder deve se interessar por sistemas humanos, como é o caso de uma empresa. The Unicist Research Institute (Turi) é um centro pioneiro na pesquisa de ciência da complexidade e tornou-se uma organização líder de pesquisa no campo dos sistemas adaptativos humanos.
www.unicist.org

Sobre o estudo da Etalent que revela que 85% dos novos gestores não são preparados para a liderança:
http://www.etalent.com.br/o-pior-cargo-do-mundo/

Sobre o estudo da Strategy& que mostra a taxa de mudança de CEOs em 2014:
**http://www.strategyand.pwc.com/global/home/press/displays/chief-
-executive-study-2014**

Impressão e acabamento:

Orgrafic
Gráfica e Editora
tel.: 25226368